논·술·세·계·대·표·문·학

19

오디세이아

호메로스 | 박윤호 엮음

H 훈민출판사

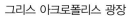
그리스 아크로폴리스 광장

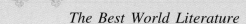
The Best World Literature

노래하는 호메로스 – 호메로스가 길거리에 앉아 악기를 연주하며 노래하자,
길가던 사람들이 잠시 멈춰 서서 듣고 있다.

오디세우스의 고향 이타카 섬의 모습

오디세우스를 기다리는 부인 페넬로페와 아들 텔레마코스

오디세우스와 나우시카

작가 호메로스의 흉상

이타카 섬에 도착한 오디세우스 – 유모가 오디세우스의 발을 씻다가 주인을 알아본다.

The Best World Literature

폴리페모스의 눈알을 찌르는 오디세우스

영화화된 오디세우스의 한 장면 – 오디세우스가 집으로 돌아가던 중 세이렌의 소리를 듣고는 바다로 뛰어들지 않기 위하여 밧줄로 몸을 묶었다.

구인환(丘仁煥)

서울대학교 사범대학 졸업. 동 대학원 졸업(문학박사)
서울대학교 명예교수, 소설가(현). 서울대학교 사범대학 국어교육연구소 소장(현)
문학과문학교육연구소 소장(현). 국제펜 한국본부 부회장(현)
한국소설문학상(1987). 예술문화대상(1994). 한국문학상(2000)
작품 〈숨쉬는 영정〉, 〈살아 있는 날들〉, 〈일어서는 산〉 외 다수

- **저서** 《한국단편소설의 이해》, 《한국현대소설의 비평적 성찰》,
  《고교생이 알아야 할 소설》, 《고교생이 알아야 할 세계단편소설》 외 다수

윤병로(尹柄魯)

성균관대학교 국어국문학과 졸업. 동 대학원 졸업(문학박사)
성균관대학교 교수, 문학평론가(현). 한국현대소설학회장(현)
한국문예학술저작권협회 이사(현). 한국간행물윤리위원회 위원(현)
한국펜 문학상(1987). 한국문학상(1988). 대한민국문학상(1989)
수필집 《나의 작은 애인들》 외 다수

- **저서** 《현대 작가론》, 《한국 현대 소설의 탐구》,
  《한국 근대 작가 작품 연구》, 《한국 현대 작가의 문제작 평설》 외 다수

홍성암(洪性岩)

고려대학교 국어국문학과 졸업. 한양대학교 대학원 국어국문학과 졸업(문학박사)
동덕여자대학교 교수, 소설가(현). 한국문인협회 회원(현)
한국소설가협회 이사(현). 국제펜 한국본부 소설분과 이사(현). 한민족 문화학회 회장(현)
창작집 《큰 물로 가는 큰 고기》, 《어떤 귀향》 외
대하역사소설 《남한산성》 (전9권) 외 다수

- **저서** 《문학의 이해》, 《현대 작가론》, 《한국 근대 역사소설 연구》 외 다수

기 획 · 감 수

고대 아고라 유적

논술 *세계대표문학*을 펴내며

　　21세기의 사회는 **'전자 문명 시대'**라 일컬어질 만큼 오늘날 전자 산업은 우리 생활의 거의 모든 분야에 다양하게 응용되고 있습니다. 출판 분야 또한 예외는 아니어서, 종래의 서책(Book) 대신에 이른바 '전자책(CD-ROM)'의 출간이 최근 들어 날로 증가하고 있습니다.

　　그러나 이러한 전자책은 영상 또는 모니터상으로 흥미 위주나 백과사전식 지식을 습득하는 데는 효과적일지 모르지만, 문학 공부를 위해서는 별로 도움이 되지 않습니다. 바꾸어 말하면, 문학 공부는 각 지면마다 살아 숨쉬는 표현 하나하나를 독자 자신의 머리로 음미하면서 작품을 읽어 나가는 가운데, 풍부한 상상력의 배양과 함께 작가의 의도와 그 작품의 내면을 깊이 있게 이해함으로써 이루어지는 것입니다.

　　이에 훈민출판사에서는, 자라나는 학생들이 범람하는 영상 매체에 길들여지기 전에, 어려서부터 유명한 세계문학 작품들을 책자를 통하여 감명 깊게 읽고 감상함으로써, 올바른 문학 공부의 기틀을 다지고, 아울러 전인 교육도 할 수 있도록 《논술 세계대표문학(전60권)》을 펴내게 되었습니다.

　　작품 선정은, 초·중·고등학교 국어 교과서와 역사 교과서에 실리거나 소개된 문학 작품을 중심으로 하되, 그리스 신화와 성경 이야기 등의 고전에서부터 중세·근대·현대에 이르기까지 세르반테스·셰익스피어·톨스토이 등 세계 유명 작가들의 장·단편 소설들을 엄선·수록하였습니다. 또 세계의 명시도 별권으로 엮었으며, 특히 각 단락마다 **'논술 문제'**를 제시하여, 장차 대학입시를 비롯한 각종 '논술 고사'에 예비 지식을 쌓을 수 있도록 배려하였습니다. 아무쪼록, 이 《논술 세계대표문학(전60권)》이 자라나는 학생들에게 문학 공부의 주춧돌이 되고, 나아가 미래를 살아가는 데 **정신적 자양분**이 되기를 진심으로 바라 마지않습니다.

훈민출판사

차례

오디세이아

호메로스

지은이

개인적인 신상에 대해서는 거의 남아 있는 기록이 없으나, 〈일리아스〉와 〈오디세이아〉의 작가로 알려져 있는 그리스 최고의 서사시인이다.
호메로스의 출생지나 활동에 대해서는 그 연대가 일치하지 않으나, 작품의 내용으로 보아 기원전 800년에서 750년경으로 보는 것이 타당하다. 소아시아의 스미르나(현재 이즈미르)와 키오스 섬을 중심으로 활동한 것으로 보이며, 이오스 섬에서 사망했다고 전해진다.

오디세이아

트로이 전쟁

이 이야기는 지금으로부터 3천 년 전에 씌어진 이야기다.

그 시절 그리스 군대는 10년 동안이나 계속되었던 트로이 전쟁에서 극적인 승리를 거두었다. 트로이 전쟁은, 영웅 아킬레우스의 부모인 펠레우스와 테티스 여신의 결혼식에, 싸움의 여신인 에리스를 초대하지 않았기 때문에 일어났다.

제우스 신의 아내 헤라, 지혜와 전쟁의 여신 아테나, 아름다운 사랑의 여신 아프로디테 등 여러 여신들이 이 잔치에 초대되었다. 초대를 받지 못한 에리스 여신은 이것에 앙심을 품고, '가장 아름다운 자에게' 라는 글이 새겨진 황금사과 하나를 결혼식 연회장에 몰래 던졌다.

그러자 황금사과를 본 여신들은, 이 사과를 먼저 줍기 위해 서로 밀고 밀리면서 몸싸움을 벌였다. 잠시 후, 이 싸움에 대한 심판을 인간인 트로이의 왕자 파리스에게 맡기게 되었다. 아프로디테는 파리스 왕자에게 미소를 지으며 조그맣게 속삭였다.

"왕자님, 그 황금사과를 저에게 주시면, 그리스에서 제일 아름다운 미인을 왕자님께 바치겠어요."

이 말을 들은 파리스 왕자는 황금사과를 아프로디테에게 주었다. 아프로디테는 약속한 대로, 그리스의 여러 도시국가 중에서 가장 아름다운 미녀로 소문난, 스파르타의 왕인 메넬라오스의 왕비 헬레네를 유혹하여 파리스 왕자에게 보냈다. 파리스 왕자는 헬레네의 아름다움에 반하여 그녀를 왕궁에 가두어 둔 채 아내로 삼았다. 아내를 빼앗긴 메넬라오스는, 화가 머리끝까지 치밀어올라 복수를 꿈꾸게 되었다.

"네 이놈! 내가 가만 놔두지 않겠다!"

메넬라오스는 미케네의 왕으로 있는 형 아가멤논을 총수로 추대하였다. 그는 그리스의 여러 도시국가의 군사들로 연합군을 조직하여, 드디어 트로이 원정길에 나섰다. 이리하여 그리스와 트로이의 처절한 전쟁은 시작이 되었고, 그 싸움은 오랜 시간 동안 계속되었던 것이다.

그러나 싸움은 날이 갈수록 그리스 군대에게 불리하게 펼쳐졌다. 할 수 없이 그리스 군대는 전쟁을 포기하는 척 위장 전술을 썼다. 그리스 군대는 밤을 새워 가며 트로이 성문만큼이나 큰 목마를 만들어서, 트로이 성문 밖에 세워 놓았다. 그리고 그 목마 안에는 그리스 군대의 오디세우스를 특공대장으로 삼고, 용감무쌍한 특공대원들을 숨겨 놓았다. 오디세우스는 이타카 섬의 왕 자격으로 트로이 전쟁에 참가하였다. 그는 용맹스러운 장군으로 이름을 떨치고 있었다.

날이 밝자 트로이 군사들은, 성문 밖에 진을 치고 있던 그리스 군사들이 하나도 보이지 않고, 커다란 목마만 우뚝 서 있는 것을 보고 깜짝 놀랐다.

"아니, 저렇게 큰 목마가 어디서 왔지?"

"신이 우리에게 보내 주신 걸 거야!"

트로이의 장군들은 이 목마가 있다는 보고를 받고는 전략회의를 열었다. 이 때 의견은 세 가지로 모아졌다.

첫째, 목마의 배를 갈라 보자.

둘째, 목마를 바다로 던져 버리자.

셋째, 목마를 신에게 제물로 바치자.

이렇게 의논한 끝에 트로이의 장군들은, 목마를 성 안으로 끌고 들어와 신에게 제물로 바치기로 하였다. 이것이 트로이가 전쟁에서 지는 결과를 만들어 낸 것이었다.

"이제 그리스 군은 모두 물러갔다! 자, 이제 우리는 트로이 전쟁에서 승리를 거두었다. 우리는 전쟁에서 이긴 기쁨을 축하하며, 이 목마를 신에게 제물로 바치자."

트로이 군사들은 커다란 목마를 둘러싸고, 밤을 새워 흥겨운 잔치를 벌였다. 군사들은 술을 마시고 춤을 추며 떠들썩하게 놀았다. 밤이 깊어지자 트로이 군사들은 술에 취하여 모두 곯아떨어졌다.

목마 안에 숨어서 기회를 엿보고 있던 그리스 특공대원들은, 이 때를 이용하여 살금살금 기어 나와, 술에 취하여 곯아떨어진 트로이 군사들을 사정없이 무찔렀다.

한밤중에 그리스 군의 기습을 받은 트로이의 군사들은 거의 아무런 대응도 하지 못하고, 비명만 지르며 낙엽처럼 쓰러져 갔다. 피비린내 나는 처절한 싸움은 밤이 새도록 계속되었고, 그리스 특공대의 기세는 하늘을 찌를 듯이 높아만 갔다. 이렇게 해서 오랜 세월을 끌어오던 트로이 전쟁은 그리스의 승리로 막을 내렸다.

이렇게 트로이 전쟁을 승리로 이끈 그리스 군사들은, 최고 사령관인 아가멤논 왕의 명령에 따라 각각 배를 타고, 지긋지긋한 전쟁터를 떠나 그리운 고향으로 돌아가게 되었다. 이제 오디세우스는 트로이 전쟁의 제일 큰 영웅으로 떠올랐다. 오디세우스는 그리스 군사들에게 감격에

젖어 말하였다.

"자, 위대한 그리스 군사들이여! 우리는 트로이 전쟁에서 승리를 하였다. 이제 우리는 승전고를 높이 울리면서 고향으로 돌아간다!"

오디세우스의 말을 들은 군사들은 함성을 터뜨렸다.

"오디세우스님 만세! 그리스 만세!"

오디세우스 일행은 노가 50개나 달린 군선 12척에 60명씩 나누어 타고 항해를 시작하였다. 마침 불어오는 순풍에 흰 돛은 한껏 부풀었고, 배는 기운차게 물결을 가르며 앞으로 나아갔다.

고국으로 가는 길

전쟁을 마치고 고국으로 돌아가는 오디세우스의 마음은 설레었다.

'마치 꿈 같은 일이군! 다시는 이타카를 못 볼 줄 알았는데……'

그는 지난 전쟁 중에 겪었던 일들이 자꾸 떠올라서, 마음이 진정되지 않았다.

"드디어 집으로 돌아가는구나! 아아, 이게 얼마 만인가? 어서 가자! 아내와 아들이 있는 내 고향으로! 드디어 이 오디세우스가 돌아간다!"

오디세우스는 뱃전에 서서 바다를 바라보며 가슴이 벅차 있었다. 곧 만나게 될 아내와 아들, 그리고 고향 생각에 너무나도 행복하였다. 겉으로 표현은 하지 않았으나, 배에 타고 있던 병사들의 마음도 한결같이 설레고 있었다.

출발한 지 며칠이 지나서 저 멀리 떨어진 곳에 육지가 보였다. 군사들은 모두 육지에 내리고 싶어하였다. 긴 시간 동안 바다 위에만 있었기 때문에, 육지가 그리웠던 것이다.

"어떻게 배 안에만 있을 수 있습니까?"

"저 땅을 정복해 보면 어떨까요?"

군사들이 오디세우스에게 말하였다. 그들은 벌써부터 신이 나 있었다. 이제 육지가 또렷하게 보이는 곳까지 왔다. 그 때 오디세우스가 큰 소리로 외쳤다.

"좋다, 이제부터 저 곳으로 가 보자!"

오디세우스와 부하들이 탄 열두 척의 배가 육지를 향하여 뱃머리를 돌렸다. 아직 고향까지는 멀었고, 그들은 식량과 먹을 물이 부족하였다. 오디세우스 역시 육지를 밟아 보고 싶었다.

그 땅은 키코네스 족이 사는 나라였다.

그리스 군사들은 아무 저항도 하지 않는 키코네스 족들에게 달려들어, 닥치는 대로 죽이고 가축과 재물을 약탈하였다. 오직 전쟁으로 10년이란 세월을 보낸 그리스 군사들은, 그 정도의 일을 가지고 나쁜 짓을 했다고는 생각하지 않았다.

오디세우스의 군사들은 이렇게 손쉽게 그들의 재산을 약탈하였다. 오디세우스는 약탈한 가축과 재물을 부하들에게 골고루 나누어 준 다음 이렇게 명령하였다.

"자, 그만 배에 올라라, 어서!"

그렇지만 부하들은 어리석게도 오디세우스의 명령을 따르지 않고 있었다.

"이렇게 맛있는 양고기는 처음인데……. 여기 술이 얼마든지 있으니 실컷 마시자."

부하들은 이렇게 서로 주거니 받거니 하며 밤 깊은 줄 모르고 있었다. 그러는 동안, 살아남은 키코네스 족 한 명이 숲 속에 사는 용맹스러운 동족에게 자기들이 당한 이야기를 하고, 그리스 군에게 함께 복수할 것을 청하였다. 그의 이야기를 들은 숲 속 키코네스 족의 추장은,

"뭐라고? 그리스 놈들이 쳐들어왔다고? 좋아, 어서 가자!"
하며 바로 싸움 준비를 갖추었다.

　동이 틀 무렵부터 오디세우스 일행과 키코네스 족의 싸움이 벌어졌다. 숲 속의 키코네스 족은 용맹스러울 뿐만 아니라, 말을 타고 싸울 수 있는 제대로 훈련된 병사들이었다. 그러나 그리스 군은 음식과 술에 취한 채 갑자기 당하는 일이라 매우 당황했다. 그러니 승패는 뻔한 일이었다.

　밀리기 시작한 오디세우스 일행은 배가 있는 데까지 겨우 도망은 쳤지만, 부하의 수를 세어 보니 한 배에 여섯 명 정도의 전사자가 있었다. 오디세우스는 군사들을 배에 오르게 하였다. 그들은 성급히 돛을 돌려 항해를 시작하였다. 이렇게 오디세우스와 그리스 군사들이 집으로 향하는 귀국 길은 평화롭지가 않았다. 그러나 그것은 시작에 불과한 일이었다.

　그들은 며칠 후, 심한 폭풍을 만나 항로를 잃고 떠돌아다니게 되었다. 하늘은 시커먼 먹구름으로 뒤덮였고, 무시무시한 돌풍이 불었다. 그 바람의 힘은 너무도 세어 모든 것을 삼켜 버릴 것 같았다. 열두 척의 배들은 뱃머리가 떨어져 나가고, 돛은 바람에 찢겨 형태를 알아볼 수 없었다. 이들은 아무래도 제우스 신에게 노여움을 사서 고생을 하는 것 같았다.

　군사들은 두려움에 떨면서도 살아날 길을 찾기에 바빴다.

　겨우 육지를 발견한 일행은 그 곳에 배를 대고, 사흘을 쉬었다가 다시 바다로 나왔다. 그러나 이번에도 거센 폭풍이 몰아쳐 왔다. 배들은 또 방향을 잡지 못하고, 파도에 휩쓸리며 표류하기 시작하였다.

　그렇게 9일이 지났다.

　배는 모두 형편없이 부서졌고, 많은 군사들이 목숨을 잃었다. 마침내 표류를 시작한 지 10일째 되는 날, 이들은 또다른 육지를 발견할 수 있었다. 오디세우스는 배가 육지 가까이에 이르자, 세 명의 군사를 골라 정찰 임무를 맡겼다.

"조심해서 이 나라를 살펴보아라. 어떤 사람들이 살고 있는지 자세히 살피고, 절대로 주민들과 싸우거나 부딪치지 말고, 정황만 살피고 오도록 하여라."

오디세우스는 더 이상 피나는 전쟁을 치르기 싫어서, 이렇게 단단히 이르고 세 명의 군사를 육지로 올려보냈다. 남은 군사들은 해안에 진을 치고는 저녁 식사를 해 먹고, 깨끗한 물을 길어다 배에 실었다. 그들이 머문 나라는, 연밥을 먹는 사람들이 사는 로트파고스라는 나라였다.

오디세우스가 정찰 임무를 맡긴 세 군사는 육지로 올라가서 그곳의 주민들을 만났다. 주민들은 그들에게 친절하게 대해 주었다. 그리고 몹시 굶주린 군사들에게 연밥을 주면서 말하였다.

"어서 오십시오, 손님! 이걸 좀 들어 보십시오."

세 사람은 그 사람이 권하는 연밥을 그만 입에 넣고 말았다.

"이렇게 맛있는 것은 정말 처음 먹어 보네! 아, 정말 맛있어!"

굶주리며 어렵게 항해만 해 온 세 명의 군사는 정신없이 연밥을 먹어 댔다. 이 연밥은 꽃처럼 생긴 것으로, 그것을 먹은 사람의 정신과 기억을 빼앗아 버리는 이상한 음식이었다. 마약과도 같은 그것을 먹은 사람은 세상의 모든 일이 귀찮아지고 나른한 꿈속에 빠져들게 된다.

연밥을 먹고 난 군사들은 모든 기억을 잃어버렸다. 자기들이 누구인지, 어디서 왔는지, 어디로 가고 있는지도 모두 잊어버렸다. 그들은 오디세우스에게 보고해야 할 일도, 그리운 고향 이타카의 일도 모두 잊고 모든 일이 귀찮게만 느껴졌다. 그들이 지금 원하는 것은 오직 로트파고스 사람들과 같이 연밥을 먹는 일뿐이었다.

주민들은 그들에게 계속 연밥을 먹였다. 그들은 연밥에 취하여 배로 돌아갈 생각 같은 것은 하지도 못했다. 아무리 기다려도 정찰병들이 돌아오지 않자, 오디세우스는 몇 명의 부하들을 데리고 그들을 찾아 육지로 올랐다.

"야만인들에게 습격을 당했을지도 몰라. 빨리 서두르자!"

그러나 정찰병들을 찾은 오디세우스는 기가 막혀 입이 벌어졌다. 그들은 술에 취한 사람처럼 흐느적거리며, 오디세우스가 왔는데도 태평스럽게 말하였다.

"그냥 내버려 두세요. 우리는 여기서 살 겁니다."

"이제 이타카 같은 것은 필요 없어요. 연밥만 있으면 돼요……."

"빨리 연밥이나 주세요!"

그들은 모두 제정신이 아니었다. 그들은 이렇게 헛소리를 하면서 돌아가려고 하지 않았다. 화가 난 오디세우스는 데리고 온 힘센 부하들을 시켜 세 사람을 묶었다. 그리고 부하들과 함께 그들을 들쳐업고는 배로 돌아왔다. 그들을 강제로라도 데리고 가기 위해서였다. 오디세우스는 다른 부하들에게 이렇게 말하며 배를 출항시켰다.

"여기에 있다가는 큰일나겠다. 어서 떠나자!"

외눈박이 거인 나라

오디세우스 일행이 다음에 도착한 곳은 정말 신기한 나라였다. 그 곳은 땅을 갈아 식물을 심지 않아도, 밀과 보리와 포도나무가 무성하게 자라는 나라였다. 이 곳에는 주민끼리의 모임이나 법률도 없었다.

바닷가에는 부드러운 습지가 많아서 넓은 목장이 있었다. 목장이라기보다는 그저 얼마든지 널려 있는 비옥한 푸른 초원에 가축을 놓아기르며 살아가고 있었다. 그 곳의 포도나무는 늘 풍성한 열매를 맺었다. 땅도 무척 기름져서 철마다 잘 여문 보리를 거두어들일 수 있었다.

그 곳은 신들의 도움을 받고 사는 키클로페스 종족이 사는 나라였다. 이들은 각자 산꼭대기에 집을 짓고 살거나 동굴에서 살았다. 이들이 사는 산 아래에는 맑은 샘물도 있었고, 그 주변에는 백양나무가 **빽빽**하게 들어차 있었다. 이 나라 앞바다에는 조그마한 섬이 하나 있었다. 그 섬에는 사람들이 살고 있지 않았기 때문에, 정말 많은 산양이 살고 있었다.

오디세우스가 이끄는 열두 척의 배가 도착한 곳도 바로 이 섬이었다. 그들이 그 곳에 도착했을 때는, 바로 눈앞도 보이지 않을 만큼 자욱한 안개가 끼어 있었고, 달도 구름에 가려 있었다. 그렇기 때문에 오디세우스나 그 부하들 중 누구도 그 섬을 보지 못했다. 그저 순하게 부는 바람 덕분에 별 어려움 없이 항해를 하였고, 바람에 이끌려 자연스럽게 그 섬에 닿았던 것이었다.

오디세우스는 배가 뭍에 닿자마자 배에서 내렸다. 그리고는 해안에 누워서 하늘을 올려다보며 어둠이 걷히기를 기다렸다. 드디어 아침이 되어 안개가 걷혔다.

오디세우스는 해안 근처의 야산과 평야 지대를 돌아다녔다. 그러다가 많은 산양들이 풀을 뜯으며 놀고 있는 것을 발견하였다. 오디세우스 군대는 세 무리로 나누어 산양 사냥을 하여 수십 마리를 잡았다. 배 한 척에 아홉 마리의 산양이 돌아갈 정도로 많은 양이었다.

밤이 되자, 오디세우스는 부하들과 산양 고기 잔치를 벌이고 푸짐하게 먹었다. 그리고 섬 주민들에게 빼앗아 온 많은 포도주로 목을 축였다. 오디세우스가 말하였다.

"내일은 배를 한 척 내어 저기 보이는 육지로 가 보자!"

오디세우스는 긴 시간 모진 항해에 고생한 일행들을 반겨 주는 사람들이 그 곳에 살고 있기를 바랐다.

다음 날, 열두 명의 힘센 부하를 뽑아서 육지 근처로 다가간 오디세우스는, 바닷가에 월계수 그늘로 덮여 있는 동굴을 발견하였다. 오디세우스는 동굴 주인에게 줄 선물로, 배에서 제일 맛좋은 포도주를 산양의 가죽에 담아 부하들과 같이 동굴로 갔다. 동굴 주위에는 산양을 몰아 두기 위한 텅 빈 울타리가 여러 개 있었다. 그리고 동굴 구멍만한 바위가 동굴 입구에 놓여 있었다.

"아무도 없는 모양인데……. 안으로 들어가서 기다려 볼까?"

오디세우스는 동굴의 주인이 양을 데리고 목장으로 갔다고 생각하였다. 동굴 안에 들어가자 처음에는 아무것도 보이지 않았다. 차차 어둠에 눈이 익숙해지자, 주위에 새끼양을 종류에 따라 가두어 두는 우리가 눈에 보였다. 그리고 천장에 매달려 있는 바구니 속에는 치즈가 가득 담겨 있고, 우유 통에는 양젖이 흘러넘칠 듯이 담겨 있는 것이 보였다.

그 때 부하 하나가 말하였다.

"이 치즈와 새끼양들을 모두 가지고 우리 배로 돌아가는 것이 어떨까요? 주인이 오기 전에 어서 가는 것이 좋을 것 같아요. 어쩐지 기분이 좋지 않은데요."

"그건 안 돼. 그건 바로 도둑질이 아닌가?"

오디세우스는 나무라듯이 말하였다.

"먹을 게 이렇게 많은데, 설마 그냥 보내지야 않겠지요. 주인이 올 때까지 기다리지요."

다른 부하 하나가 말하였다. 결국 그들은 모두 동굴 속에 앉아서, 주인이 오기를 기다리기로 하였다. 저녁때가 되었을 때, 누군가가 양떼를 몰고 돌아오는 소리가 들려왔다.

그는 땔감으로 쓸 나무를 잔뜩 짊어지고 돌아왔는데, 놀랄 만큼 큰 나뭇단을 동굴 안으로 휙 집어던졌다. 그러자 마치 벼락이라도 치듯 큰 소리가 났다. 오디세우스와 부하들은 그 소리에 놀라 얼른 동굴의 어두운 곳으로 몸을 숨겼다.

잠시 후에 동굴의 주인이 들어왔다. 그는 들어오자마자 집채만한 바위로 동굴의 입구를 막았다. 그 바위는 어떤 지렛대를 사용하더라도 움직일 수 없을 것 같았다. 그런데 오디세우스 일행은 그 동굴의 주인을 보는 순간, 소스라치게 놀라고 말았다.

그는 보통 사람의 세 배가 넘을 만큼 큰 키에 넓은 어깨를 가지고 있었는데, 눈은 얼굴 한가운데에 하나만 박혀 있어 흉측한 괴물 같았다. 오디세우스와 그의 부하들은 금세 자신들의 결정을 후회하였다.

'주인을 기다린 게 아니라, 괴물을 기다리고 있었군.'

모두들 두려움에 떨며, 동굴 주인이 알아듣지 못하게 한숨을 쉬었다. 거인은 동굴 안에서 산양의 젖을 짜기 시작하였다. 그런데 그 산양은 지금까지 보아온 어느 양보다도 컸다. 젖을 다 짠 거인은 가지고 온 땔감으로 불을 피우기 시작하였다.

불이 타오르자 동굴이 밝아지고, 자연히 숨어 있던 오디세우스 일행의 모습이 거인에게 드러나고 말았다.

"도대체 웬 놈들이냐? 허락도 없이 남의 집에 들어와 있다니, 나쁜 놈들!"

거인의 목소리는 마치 벼락이라도 치는 것처럼 들렸다.

"우리는 트로이 전쟁이 끝나서 고향 이타카로 돌아가는 군사들입니다. 길을 잘못 들어 여기까지 오게 되었소. 부디 우리를 무사히 돌아가게 해 주시오."

오디세우스가 한 발 앞으로 나서며 대답하였다.

"그런데 왜 남의 동굴에는 몰래 들어와 있느냐?"

괴물은 쩌렁쩌렁 울리는 큰 목소리로 말하였다.

오디세우스는 용기를 되찾아 씩씩하게 말하였다.

"신을 믿는 사람이라면, 여행자에게 친절하게 대해 주는 것이 예의인 줄 압니다."

오디세우스의 말이 끝나자마자, 거인은 인상을 찌푸리며 버럭 소리를 질렀다.

"뭐야? 신이 어쩌고저쩌고? 감히 나에게 예의를 가르치려고 하느냐? 나는 제우스 따위는 우습다. 어서 너희의 속셈이나 밝혀라!"

"폭풍을 만나 항로를 잃었소. 다시 배를 탈 수 있을 때까지 도움을 청하려고 기다리고 있던 중이오."

"음, 그래? 나는 누구를 막론하고 내 마음에 들지 않는 손님은 받지 않아. 그리고 한 가지 묻겠는데, 너희가 타고 온 배는 어디에 있어? 여기서 가까운 곳인가?"

이 말을 들은 오디세우스는, 거인이 배를 지키고 있는 부하들에게 해를 끼치기 위해 묻고 있다는 것을 금방 깨달았다.

"긴긴 전쟁에서 많은 동료를 잃었고 배도 불타 버렸소. 그래서 여기 있는 사람들만 겨우 목숨을 구했고, 이 곳으로 올 수 있었던 것도 순하게 불어 준 바람 덕분이었소. 그러니 부디, 우리에게 은혜를 베풀어 주시기 바랍니다."

거인은 오디세우스의 말이 끝나기도 전에, 부하 두 사람의 목을 잡아 들어올려 허공에서 흔들어 댔다. 그러더니 바위투성이인 벽에 그 두 사람을 내동댕이쳤다. 두 사람은 그 자리에서 피를 흘리며 죽었다. 그 괴상한 거인은 죽은 사람을 갈기갈기 찢기 시작하더니, 태연스럽게 먹어 버렸다.

이 끔찍한 광경을 본 오디세우스 일행은 부들부들 떨었다. 눈물을 삼키며 오줌을 싸 버린 사람도 있었다. 끔찍하게 부하를 잃은 오디세우스는, 너무 화가 나서 심장이 터질 것 같았다. 그렇지만 도저히 그 거인을 당해 낼 수 없었으므로, 두 주먹만 불끈 쥘 뿐이었다.

그 흉측한 거인은 두 명의 오디세우스 부하를 다 먹고는, 나무 그릇에 담긴 양의 젖을 벌컥벌컥 들이켰다. 그러더니 그 자리에 벌렁 드러누워 금세 코를 드르렁드르렁 골며 깊은 잠에 빠졌다.

"이 나쁜 놈, 내가 너를 죽이고 말 테다!"

오디세우스는 허리에 차고 있던 칼을 빼어들고 덤벼들다가 우뚝 멈추었다. 다시 생각해 보니, 거인을 그대로 죽일 수는 없었다. 거인을 죽여 버리면 또 다른 걱정이 있었다. 그는 가만히 생각해 보았다.

'아니야. 과연 저 거인을 이 작은 칼날로 죽일 수 있을까? 또 입구를 막고 있는 저 커다란 바위를 어떻게 치우지? 우리 열한 명이 한꺼번에 저 바위를 밀어내도 꼼짝하지 않을 거야. 음, 이 일을 어쩌지……?

오디세우스는 이 궁리 저 궁리를 하며 밤을 새웠다. 부하들도 겁에 질려 부들부들 떨며 서로 꼭 껴안고 밤을 새웠다.

아침이 되자, 거인은 또다시 오디세우스의 부하 두 명을 잔인하게 잡아먹었다. 그렇게 아침 식사를 끝낸 거인은, 동굴 입구를 막아 놓았던 바위를 툭 하고 가볍게 치우더니 밖으로 나갔다. 그러더니 다시 그 엄청난 바위를 한 손으로 들어서 동굴 입구를 막아 버렸다.

오디세우스는 살아남은 부하들과 머리를 맞대고 앉아서, 동굴에서 빠져 나갈 방법을 연구했다. 겁에 질려 마냥 이렇게 있다가는 모두 잡아먹힐 게 분명하였다.

"그래, 좋은 생각이 떠올랐다."

오디세우스는 새끼양들이 있는 울타리 옆 커다란 올리브 나무를 가리켰다. 그 나무는 거인이 지팡이로 쓰려고 갖다 놓은 것이었다. 그것은 커다란 배의 돛으로 사용해도 좋을 정도로 굵고 탄탄해 보였다. 오디세우스는 그 나무를 큰 사람의 키만한 길이로 잘랐다.

"이 나무를 뾰족하게 깎아라! 한쪽 끝을 아주 뾰족하고 날카롭게 깎아야 한다. 오늘 밤, 저 흉악한 거인이 잠들면 이 나무 끝을 불에 달구어 그 하나뿐인 눈을 찔러 버리겠다. 제가 아무리 힘이 세다 하더라도 어쩔 수 없을 것이다. 어서 부지런히 깎아라!"

분노와 두려움에 떨던 부하들은 정신을 차린 듯, 올리브 나무의 한쪽 끝을 바늘처럼 날카롭게 깎고 다듬었다. 그리고는 그 올리브 나무를 거인의 눈에 띄지 않게 잘 숨겨 놓았다.

저녁이 되자 거인은 어김없이 동굴로 돌아왔다. 그러나 그는 다른 날과는 달리, 산양을 암수 구별 없이 모두 동굴로 몰아넣고는 산양의 젖을 짜기 시작하였다. 젖짜기가 끝나자, 이번에도 거인은 오디세우스의 부하 두 명을 잡아먹었다.

오디세우스는 자리에 누운 거인에게 다가가, 미리 준비해 왔던 포도주를 내밀었다. 오디세우스는 끓어오르는 분노를 가까스로 삭이며 거인에게 말하였다.

"이 포도주를 마셔 보시오. 인간 고기를 먹고 나서 이 포도주만큼 좋은 것이 없지요. 이것은 최고급 포도주니까 더 맛있을 것이오."

거인은 오디세우스가 내민 포도주를 단숨에 벌컥 다 마셔 버리고는 손으로 입을 한 번 닦아 냈다. 그리고는 매우 만족한 표정을 지었다.

"그래, 이 술은 정말 맛있구나! 이 맛있고 좋은 술을 나에게 선물한 너의 이름은 무엇이냐? 나는 너의 이름을 알아야겠구나. 나는 저 위대한 바다의 신이신 포세이돈의 아들 폴리페모스다!"

오디세우스는 기분 좋게 취해 가는 거인을 보며 부드러운 음성으로 말하였다.

"폴리페모스님, 당신이 원하신다면 제 이름을 가르쳐 드리겠습니다."

오디세우스는 잠시 생각을 하며 말하였다.

"제 이름은 우테이스(이 세상에 없는 사람이라는 뜻)라고 합니다. 제가 당신께 맛좋은 포도주를 선물하였으니, 당신은 이 우테이스에게 무슨 선물을 주실 건가요?"

폴리페모스는 오디세우스의 말을 듣고는, 비웃듯이 껄껄거리며 말하였다.

"우테이스라고? 그래, 좋다! 나에게 맛있는 포도주를 준 대가로 너에게 선물을 주어야겠다. 그 선물은 너를 가장 나중에 잡아먹는 거다. 하하하……!"

술에 취한 폴리페모스는 이야기를 마치고 자리에 눕더니, 금방 코를 골기 시작하였다. 오디세우스는 분노로 두 주먹을 불끈 쥐었다. 잠시 동안 분노를 억누른 오디세우스는, 폴리페모스가 깊이 잠든 것을 확인하고는 부하들에게 조용히 말하였다.

"깎아 두었던 나무를 어서 가져오너라. 빨리!"

부하들은 서둘러 숨겨 두었던 올리브 나무를 가져왔다. 오디세우스는 그 나무의 뾰족한 끝을 불에 달구었다. 한참을 달구자 나무 끝이 시뻘겋게 달아올랐다.

오디세우스와 부하들은 모두 힘을 합하여 나무를 치켜들고는 조심조심 폴리페모스에게 다가갔다.

"자, 있는 힘껏 세게 박아라!"

오디세우스의 조용한 명령이 떨어지자마자, 뾰족한 나무의 끝이 정확하게 폴리페모스의 외눈에 가서 꽂혔다.

"악, 아악!"

폴리페모스는 올리브 나무를 뽑아 내고는 미친 듯이 날뛰었다. 그는 두 팔을 크게 벌리고, 숨을 죽이고 있는 오디세우스와 그의 부하들을 잡기 위하여 몸부림을 쳤다. 그러나 앞을 볼 수 없는 폴리페모스는, 그럴수록 동굴 벽에 부딪힐 뿐이었다. 그러자 화가 난 폴리페모스는 고래고래 소리만 질러댔다.

오디세우스와 그의 부하들은 폴리페모스의 손에 잡히지 않도록 동굴 구석에 몸을 숨기고 그저 지켜보기만 하였다. 폴리페모스가 계속 소리를 질러 대며 화를 내자, 다른 동굴에서 그의 친구들이 물었다.

"이봐! 폴리페모스, 무슨 일이야? 왜 그렇게 소리를 지르는 거야?"

"이보게, 어서 나를 구해 주게! 우테이스라는 놈이 나를 괴롭히고 있어."

여전히 거친 신음 소리를 내며 폴리페모스가 대답하였다. 그러자 친구들이 말하였다.

"뭐라고? 우테이스라니? 그건 이 세상에 없는 사람이라는 말이 아닌가? 세상에 없는 사람이 자네를 괴롭힌다고? 그렇다면 그건 혼자서 그냥 아프다는 말인가? 아니면 신의 뜻인가? 우리도 어쩔 도리가 없군. 자네 아버지인 포세이돈에게 부탁해 보게!"

폴리페모스의 친구들은 이렇게 말하며 모두 돌아가 버렸다. 폴리페모스는 더듬거리며 동굴 입구로 가서, 입구를 막았던 바위를 밀어 버렸다. 그리고는 그 앞에 턱 버티고 앉아, 그 곳을 빠져 나가는 것을 하나도 놓치지 않겠다는 듯이 두 손을 휘저었다. 그렇지만 오디세우스에게는 좋은 생각이 있었다.

오디세우스는 폴리페모스의 침대에서 버들가지를 뽑아, 제일 힘이 세 보이는 산양 열여덟 마리를 세 마리씩 묶었다. 그리고는 부하들에게 배 밑에 달라붙어 몸을 감추라고 말하였다. 그는 제일 큰 수양의 배 밑에 몸을 숨겼다.

그 때는 이미 날이 밝아, 산양 떼들이 배가 고파서 목장으로 가려고 야단들이었다.

"메에, 메에……."

하고 산양들이 동굴 입구로 몰려들자, 폴리페모스는 밖으로 나가는 양의 등을 일일이 손으로 더듬었다.

"오, 나의 귀여운 양들아! 어서 밖으로 나가서 맛있는 풀들을 많이 뜯어먹으렴. 내가 저 못된 놈들을 잡은 다음에 너희들을 데리러 가마!"

폴리페모스는 이렇게 말하며 산양들을 내보냈다. 오디세우스는 맨 나중에 나갔다. 폴리페모스는 그 산양을 쓰다듬으면서 말하였다.

"이 녀석, 너는 언제나 앞장을 서더니, 오늘은 네 주인의 슬픔을 알았구나! 네가 말을 할 수 있다면, 우테이스 놈이 어디 숨어 있는지 나에게 알려줄 수 있을 텐데……. 자, 어서 가거라! 목장에 간 친구들을 따라서 어서 가거라."

이렇게 해서 오디세우스와 부하들은 모두 무사히 동굴을 빠져 나왔다. 그들은 서둘러 산양을 몰아 배에 실었다. 마침내 배가 해안을 떠날 때, 오디세우스는 폴리페모스가 있는 동굴을 향하여 큰 소리로 외쳤다.

"폴리페모스, 이 나쁜 놈아! 너는 내 부하들을 잡아먹었어. 그래서 너는 그 죄의 대가를 받고 있는 거다, 이 흉악한 놈아! 만약 누군가가 너의 눈을 멀게 한 사람이 누구냐고 묻거든 이렇게 말하거라. 그 위대한 이타카의 왕 오디세우스라고 말이다!"

"뭐라고?"

이 이야기를 들은 폴리페모스는, 그들이 무사히 빠져 나갔다는 것을 알고는 화가 나서 어쩔 줄을 몰랐다. 그는 밖으로 나와 동굴 입구를 막고 있던 커다란 바위를 들어서 소리나는 쪽을 향하여 집어던졌다.

바위는 엄청난 힘으로 날아가 뱃머리 앞쪽에 떨어졌다. 그 바람에 배는 다시 해안 쪽으로 밀려오고 말았다. 그렇지만 오디세우스는, 커다란 삿대로 다시 한 번 배를 육지에서 멀어지게 한 후, 여섯 명의 부하들과 죽을 힘을 다하여 배를 전진시켰다. 배가 다시 해안에서 멀어지자, 부하들이 말리는 것도 듣지 않고 오디세우스는 폴리페모스에게 화가 나서 외쳤다.

"이 멍청한 녀석아! 이 오디세우스가 너 같은 놈에게 당할 것이라고 생각했느냐? 어림도 없다. 어디 한번 우리를 잡아 보거라!"

이 말을 들은 폴리페모스는 힘없이 바닥에 주저앉았다. 그리고는 엉엉 소리를 내어 울며 탄식하였다.

"드디어 예언자의 말이 맞기 시작했구나! 그 예언자가 오디세우스라는 인간이 내 눈을 빼앗아 갈 것이라고 하더니, 그 말이 맞았군! 그러나 오디세우스가 너처럼 형편없고 비겁한 겁쟁이인 줄 몰랐다. 두고 봐라! 이제 네놈도 무사하지 못할 것이다. 나의 아버지는 이제 네가 나아가야 할 바다의 신 포세이돈이다!"

폴리페모스는 분노와 탄식으로 울부짖으며, 또다시 커다란 바위를 들어 바다로 던졌다.

오디세우스는 돛을 높이 올려, 나머지 부하들이 기다리고 있는 섬으로 향하였다. 오디세우스의 배가 멀리 사라졌는데도, 폴리페모스는 여전히 분노에 찬 격한 목소리로 저주를 퍼붓고 있었다. 그는 두 손을 바다로 향하게 하고 포세이돈에게 기도를 하였다.

"모든 바다를 다스리는 아버지 포세이돈이시여! 오디세우스에게 저주를 내리십시오. 그리하여 오디세우스와 그의 부하들이. 이타카로 돌아가지 못하도록 해 주십시오. 만일 오디세우스가 못할 짓을 했는데도 이타카로 돌아가게 하는 것이 신의 뜻이라면, 그의 부하들을 모두 잃게 하여 혼자 살아남게 해 주십시오. 그리고 그의 집에는 슬픔이 기다리고 있도록 해 주십시오."

그래도 화가 풀리지 않은 폴리페모스는, 비명을 지르며 큰 바윗돌을 빙빙 돌리더니 배 있는 데로 던졌다. 그런데 다행히 이번에는 배의 고물 쪽에 떨어졌기 때문에, 파도가 바다 한가운데로 배를 밀어 주는 결과가 되었다.

오디세우스가 그의 일행이 있는 섬에 도착하자, 그 때까지 불안에 떨며 기다리고 있던 부하들은 반가움에 환호성을 질렀다. 오디세우스는 폴리페모스에게서 빼앗아 온 산양들을 요리하여 잔치를 베풀었다. 그들은 밤새도록 맛있는 양고기와 포도주를 마음껏 마시며, 피곤과 분노를 풀었다.

다음 날 날이 밝자, 기운을 찾은 오디세우스 일행은 다시 고향을 향하여 뱃길을 떠났다.

바람의 신

바다는 잔잔하고 평화로웠다.

한가로운 바다 한가운데에 깎아지른 듯한 절벽으로 되어 있는 섬이 보였다. 오디세우스 일행은 순풍의 도움으로 편안히 그 섬에 도착하였다. 그 섬 한가운데에는 청동으로 된 성벽으로 둘러싸인 거대한 성이 있었다. 그곳은 바람의 신 아이올로스가 사는 곳이었다.

그는 여섯 명의 아들과 여섯 명의 딸, 그리고 아내와 함께 이 성에 살고 있었다. 그의 가족이 사는 성은 매우 풍요로워서 매일 고기 굽는 냄새가 끊이지 않았을뿐더러, 매일 잔치가 열리고 밝은 웃음소리가 넘치는 아주 행복한 곳이었다. 이 섬의 왕이며 바람의 신인 아이올로스는 오디세우스를 극진히 환영해 주었다.

오디세우스 일행은 그동안의 힘들었던 고난들을 치유하며 아이올로스의 환대 속에서 그 섬에 머물렀다. 아이올로스가 트로이 전쟁과 그 동안에 있었던 일을 매우 궁금해하고 흥미로워하였으므로, 오디세우스는 그곳에 머무는 동안 자신이 겪었던 모든 이야기들을 해 주었다.

그렇게 한 달간이나 머물게 되자, 오디세우스는 아이올로스에게 그동안의 친절함에 감사하며, 이제 사랑하는 가족들이 기다리는 고향인 이타카로 떠나겠다고 말하였다. 아이올로스는 오디세우스가 떠난다는 말을 듣고 매우 섭섭해 하면서 오디세우스에게 마음의 정표로 선물을 하고 싶어 했다. 그는 오랫동안 오디세우스에게 줄 꼭 필요한 선물에 대해 고민하다가 마침내 오디세우스가 떠나는 날, 귀하고 좋은 선물을 주며 오디세우스의 여행길에 축복을 빌어 주었다.

바람의 신인 아이올로스가 그에게 준 선물은 바로, 바람을 조절해 주는 행운의 복주머니였다. 오디세우스의 배가 순조롭게 항해하여 무사히 고향에 도착할 수 있도록, 모든 거센 바람을 잡아 가죽 주머니에 담은 것이었다. 그런데 그 가죽 주머니를 가진 사람이 주의해야 할 것이 있었다.

아이올로스는 그 가죽 주머니를 은빛 끈으로 잘 묶어서, 오디세우스에게 주면서 당부하였다.

"이 주머니는 이타카에 도착할 때까지 절대 열어서는 안 됩니다."

그는 당부에 또 당부를 하였다. 오디세우스는 아이올로스의 따뜻한 마음에 깊이 감사를 표하고, 배의 돛을 올렸다. 이제 모든 고난을 끝내고, 가족이 기다리고 있는 고향으로 하루빨리 돌아가고 싶은 마음뿐이었다. 오디세우스는 아이올로스가 준 가죽 주머니를 절대 건드리지 말도록 부하들에게 지시하였다. 하지만 그 안에 무엇이 들어 있는지는 말해 주지 않았다.

아이올로스의 섬을 떠난 지 열흘째 되던 날, 드디어 꿈에서도 잊지 못하던 고향 땅이 보였다. 그렇게도 그리워하던 아내와 아들이 있는 곳! 오디세우스의 고향인 이타카였다.

"아, 고향 땅이 보인다!"

"이제 우리는 고향을 눈앞에 두고 있다!"

배에 탄 모든 사람들은 환호성을 질렀다. 오디세우스 역시 깊은 감회에 젖어, 말할 수 없는 기쁨에 가슴이 벅찼다.

"아아, 드디어 돌아왔다! 이것이 정녕 꿈은 아니겠지. 드디어 내가 이타카로 돌아왔다!"

오디세우스는 희미하게 보이는 이타카의 해안을 오래도록 바라보았다. 이제 몇 시간만 있으면, 그토록 그리던 고향 땅을 밟게 될 것이었다. 오디세우스는 뱃전에 기대어 앉았다. 잠시라도 편안한 마음으로 긴장을 풀고 쉬고 싶었다. 기나긴 여행길에 피곤했던 그는 스르르 잠이 들었다.

오디세우스의 부하들은 뱃전에 둘러앉아 이야기꽃을 피우고 있었다. 트로이에서 싸우던 일, 돌아오는 길에 겪었던 여러 가지 모험들, 그리고 이제 집으로 돌아가면 만나게 될 가족들에 대하여, 각자 흥분된 어조로 이야기들을 나누었다. 그러나 고향으로 가는 길이 불만인 사람도 있었다.

"사실, 나는 집으로 가는 게 기쁘질 않다네. 이렇게 오랜 세월 동안 별별 고생을 다 하다가 돌아가는데, 뭐 자랑할 만한 것이 아무것도 없지 않은가?"

그러자, 같은 생각을 하고 있던 다른 사람이 말하였다.

"맞아, 오디세우스님은 어디엘 가도 극진히 대접을 받고 선물도 많이 받았어. 하지만 우리는 이게 뭔가? 같이 고생을 했지만, 우리는 아무것도 가진 게 없지 않은가?"

"그러게 말이야. 아이올로스가 준 저 가죽 주머니만 해도 그래. 오디세우스님은 우리에게, 그 주머니 안에 무엇이 들었는지 말해 주지 않았잖아!"

"실은, 나도 저 가죽 주머니에 뭐가 들었는지 궁금했네. 여보게들! 우리 저 안에 무엇이 들었는지 열어 볼까? 슬쩍 한 번 보기만 하자고!"

그들은 마침내 오디세우스 옆에 있는 가죽 주머니를 풀고야 말았다. 그 가죽 주머니의 은빛 끈이 풀리자마자, 엄청나게 큰 소리를 내며 거친 파도와 매서운 바람이 몰려왔다.

그 순간, 오디세우스는 눈을 번쩍 떴다. 그러나 이미 일은 수습할 수 없는 상태가 되고 말았다. 잠깐 사이에 하늘은 밤하늘처럼 캄캄해지고,

억센 폭풍이 밀려와 배를 뒤집을 것 같았다. 그리고 집채만한 파도가 일었다. 그들은 손쓸 틈도 없이 배 안을 이리저리 뒹굴며, 무서운 기세로 덤벼드는 시커먼 바다로 빠지지 않기 위하여 안간힘을 쓸 뿐이었다.

배는 순식간에 이타카로부터 멀어지고 말았다. 거센 역풍이 배들을 바다 한가운데로 자꾸 밀어붙였기 때문이었다. 마침내 배는 다시 아이올로스의 섬으로 되돌아오고 말았다.

오디세우스는 아이올로스의 섬으로 돌아온 것에 안심하며, 그의 성을 찾아갔다. 한 번만 더 바람을 잡아 달라고 부탁하고 싶었던 것이었다.

오디세우스를 본 아이올로스는 깜짝 놀라며 물었다.

"아니, 오디세우스! 어떻게 된 거요? 지금쯤이면 벌써 이타카에 도착했어야 하는 게 아닌가요?"

"오, 아이올로스! 고향을 앞두고 긴장을 푼 나와 심술궂은 나의 부하 몇 명 때문에, 우리의 갈 길이 훼방을 받았습니다."

오디세우스는 이타카를 눈앞에 두고 황당하게 벌어진 일들에 대하여 자세히 말하였다. 그리고는 자신을 한 번만 더 도와줄 것을 진심으로 기대하며 부탁하였다. 그러나 아이올로스는 자리에서 벌떡 일어나며 잔뜩 화가 난 목소리로 말하였다.

"당장 이 곳을 떠나라! 신들로부터 버림받은 자는 나도 어쩔 수가 없어! 신은 너희에게 재앙을 내리신 거다. 어서 이 곳을 떠나거라!"

울며 애원하던 오디세우스 일행은 어쩔 수 없이 그 섬을 떠났다. 배는 아이올로스의 섬을 떠나 바다로 나갔다. 바다에는 순풍도 역풍도 없었다. 분노한 바람의 신 아이올로스가 모든 바람을 거두었기 때문이었다. 바람이 전혀 불지 않았으므로, 배도 전혀 움직이지 않았다.

오디세우스 일행은 온 힘을 다하여 노를 저어 앞으로 나아가려 하였다. 넓은 바다 위를 노를 저어 나가다 보니, 그들은 금세 지치고 말았다. 그런데 다행히도 섬을 떠난 지 7일 만에 오디세우스 일행은 또 다른 땅에 닿을 수 있었다.

이 나라는 해가 지지 않는 곳으로 어둠이 없었다. 그래서 어떤 사람들은 낮에는 밭을 갈아 농사를 짓고, 밤 시간에는 양을 키워 남보다 더 많은 돈을 벌기도 하였다. 이 나라에는 아주 훌륭하고 아름다운 항구가 있었다. 그 항구 주변에는 반듯하게 깎아 놓은 듯한 절벽이 병풍처럼 둘러쳐져 있고, 그 절벽들은 서로 거의 맞닿아 있어서 항구로 가는 길은 좁았으나, 바다로 통하는 길목 역할은 충분히 하였다. 그리고 배를 대기에 알맞게 물결이 일지 않았다.

오디세우스는 무슨 일이 생기면 쉽고 빠르게 빠져 나가기 위해, 통로 가까운 곳에 배를 대었다. 오디세우스는 가장 높은 벼랑으로 올라가서 주위를 살펴보았다. 그런데 사람은 물론, 집 한 채도 보이지 않았다. 멀리서 가느다랗게 올라오는 연기만이 보일 뿐이었다.

오디세우스는 부하 세 명을 불러 이 곳의 사정을 알아 오게 하였다. 부하들은 조심스럽게 마을로 들어가 사람들을 찾았다. 그들은 한참을 걸었기 때문에 조금씩 지쳤지만, 무슨 일을 당할지 몰라 긴장했고, 잔뜩 겁을 집어먹고 있었다.

그들은 우연히 샘에서 물을 긷고 있는 한 아가씨를 만났다. 반가운 마음에 그들은 그 곳으로 달려갔다. 그녀는 몸집이 크고 아주 우람하여, 군복을 입으면 마치 군사처럼 보일 것 같았다.

"아가씨, 이 곳은 어디입니까?"

"이 곳의 왕은 누구입니까? 어디에 살고 계신지 알고 있습니까?"

그러자 아가씨는 쌀쌀맞게 대답하였다.

"이 곳은 테레퓨로스 섬이에요. 라스트리곤 족들이 살고 있지요."

그리고는 어깨를 펴고 당당하게 말하였다.

"제 아버지가 이 나라의 왕이십니다. 안티파테스님이시지요. 바로 저 곳에 사십니다."

아가씨는 언덕 위에 있는 거대한 성을 손가락으로 가리켰다. 세 명의 부하들은 두렵기도 했지만, 별일은 없겠지 하는 마음으로 그녀의 안내를 받아 그 성으로 들어갔다. 그런데 그 성은 왠지 싸늘한 기운이 느껴졌다. 그녀는 딱딱한 의자가 있는 방으로 그들을 안내하여, 잠시 기다리라고 하고는 밖으로 나갔다.

잠시 후, 거인처럼 거대한 몸집의 안티파테스가 성큼성큼 안으로 들어왔다. 안티파테스를 본 오디세우스의 부하들은 겁을 먹었지만, 인사를 하려고 일어섰다. 그 거대한 몸집의 안티파테스는 갑자기 그 중 한 사람을 집어들어 후려쳐서 죽여 버렸다. 그리고는 죽은 사람을 아가씨에게 내던지며, 식사 준비를 하라고 일렀다.

이 광경을 본 나머지 두 사람은 정신 없이 그 성에서 도망을 쳤다. 안티파테스의 부하들이 그들을 쫓아왔다. 오디세우스는 달려오는 부하들을 겨우 태우고는 황급히 배를 띄웠다. 라스트리곤 사람들은 높은 언덕 위에서 배를 향해 돌을 던지기 시작하였다.

오디세우스 일행은 빠르고 힘차게 노를 저었지만, 바다로 나가는 길목이 너무 좁아서 여러 척의 배들이 돌에 맞아 부서지고 말았다. 부서진 배 위로 물이 차오르자, 군사들은 바다로 빠져 헤엄을 칠 수밖에 없었다. 그것을 본 라스트리곤 사람들은, 마치 물고기를 잡듯이 창으로 찔러 그들을 잡아 올렸다.

"어서 노를 저어라, 빨리 저어라! 이 포구를 빠져 나가야만 한다. 있는 힘껏 노를 저어라!"

오디세우스는 소리를 높여 외쳤다. 마침내 배는 간신히 포구를 벗어나 바다로 도망칠 수 있었다. 바다로 나온 군사들은 여전히 있는 힘껏 노를 저었다. 한참 동안 정신없이 노를 젓던 군사들과 오디세우스는 안도의 한숨을 쉬며 주위를 둘러보았다. 그런데 다른 배는 하나도 보이지 않았다.

무사히 빠져나온 배는 오로지 오디세우스가 탄 배 한 척뿐이었다. 그 배에 탄 군사들을 빼고는 모두 죽음을 당한 것이었다. 많은 부하들을 잃은 슬픔을 가슴속에 안은 채, 남은 한 척의 배는 여전히 바다를 항해하였다.

마녀 키르케

슬픔과 분노 속에서도 항해는 며칠이나 계속되었다.

시커먼 바다와 구름 한 점 없는 하늘은 너무나 조용하였다.

쉴 새 없이 노를 젓던 중에 드디어 섬을 발견하였다. 그곳은 아이아이라는 섬이었다.

오디세우스 일행은 섬에 오르자, 지친 몸을 눕혀 꼼짝도 하지 않고 잠을 잤다. 그들은 꼬박 이틀이나 해안에 그대로 누워서 피곤을 풀었다. 사흘째 되던 날에 오디세우스는 칼과 창을 준비하여, 혼자서 높은 언덕으로 가 보았다. 사방을 살펴보던 오디세우스는 멀리 숲 속에서 연기가 피어오르는 것을 보았다.

오디세우스는 부하들이 기운을 차린 후에 함께 가 보아야겠다고 생각하였다. 오디세우스가 아래로 내려가는 순간, 커다란 사슴 한 마리가 보였다.

"옳지!"

오디세우스는 사슴을 향하여 창을 던졌다. 그의 창은 명중하였다. 창을 머리에 맞은 사슴은 그대로 고꾸라졌다. 오디세우스는 그 커다란 사슴을 어깨에 둘러메고 해안으로 가서 부하들에게 내밀며 큰 소리로 외쳤다.

"자, 어서 일어나라! 여기 너희들이 배부르게 먹을 수 있는 사슴 고기가 충분히 있다. 마음껏 먹고 힘을 내자!"

굶주림에 지친 군사들은 오디세우스의 말을 듣고 모두들 일어났다. 그들은 주위의 땔감을 모아다가 불을 피우고 고기를 구웠다. 맛있는 음식과 충분한 휴식을 취한 오디세우스 일행은 활기를 찾았다.

다음 날 아침, 오디세우스는 부하들을 모아 놓고 차분하지만 강한 눈빛으로 진지하게 말하였다.

"우리는 지금 이 섬에 대해 아무것도 모르고 있다. 지금까지 겪었던 일을 또다시 겪을 수도 있고, 아니면 친절한 사람을 만나 피로를 풀며, 귀향 길을 위한 도움을 받을 수도 있다. 그러나 우리는 어디로 가야 그런 사람을 만날 수 있을지를 모른다. 그러니 섬을 잘 살펴보아야 한다. 어제 나는 언덕에 올라갔다가, 숲에서 피어오르는 연기를 보았다. 누군가가 살고 있는 것이 분명하니 일단 한번 찾아보자. 그러나 명심할 것은 다들 잘 알고 있겠지만, 정말 조심해야 한다는 것이다. 지금까지 살아남은 것을 헛되게 하지 말거라."

오디세우스는 부하들을 두 개의 조로 나누어, 한 조는 자신이 이끌고 다른 한 조는 에우릴로코스에게 맡겼다. 에우릴로코스는 오디세우스가 평소에 눈여겨보아 두었던 용감한 군사였다. 제비뽑기로 순서를 정하여 오디세우스 분대는 해안에 남아 있고, 에우릴로코스 분대가 먼저 숲 속으로 들어가기로 하였다. 그들은 불안하였지만, 서로를 격려해 주었다. 눈물을 흘리는 군사들도 있었다.

에우릴로코스는 오디세우스가 가르쳐 준 방향으로 씩씩하게 걸어갔다. 좁고 굽은 숲길을 한참 걸어가자, 저 멀리 웅장한 집이 보였다. 그

집은 궁전처럼 화려하고 아름다웠다. 에우릴로코스 분대가 조심스럽게 그 집 앞에 다가가자, 어디선가 수십 마리의 사자와 늑대들이 나타나서 그들을 둘러쌌다. 군사들은 놀라서 그 자리에 서 버렸다.

'이젠 죽었구나! 그 많은 위험에서도 살아남았는데, 여기서 꼼짝없이 죽게 되었구나······!'

둥글게 에워싼 사자와 늑대들은 원을 좁히며 군사들에게 다가섰다. 병사들은 겁에 질려 몸을 덜덜 떨었다. 그런데 금방이라도 달려들어야 할 사자와 늑대들은, 주인을 만난 개처럼 꼬리를 흔들며 뱅뱅 돌 뿐, 전혀 덤벼들 기색이 보이지 않았다. 오히려 친해지고 싶어하는 것처럼, 사자는 누런 갈기를 흔들기도 하였다. 그러나 야수들이 아무리 반갑게 굴어도, 병사들은 겁에 질려 꼼짝도 하지 못하고 있었다. 그 때 에우릴로코스가 빠르게 명령하였다.

"어서 저 집으로 들어가라!"

군사들은 한꺼번에 우르르 집으로 뛰어들어갔다. 사자와 늑대들은 더 이상 군사들을 쫓아오지 않았다. 군사들이 집 안으로 들어가 숨을 돌리고 있을 때, 어디선가 맑고 고운 노랫소리가 들려왔다. 정말 아름다운 목소리였다.

"정말 예쁜 목소리다!"

"목소리가 저렇게 아름다운 걸 보면 분명 마음씨도 고울 거야!"

"아니야, 목소리만 가지고 성급하게 판단해서는 안 돼!"

군사들은 나지막한 목소리로 말을 주고받았다.

"일단 사람들을 불러 보자."

에우릴로코스가 말하였다. 군사들은 심호흡을 한 번 하고 큰 소리로 외쳤다.

"안에 누구 없습니까?"

"아무도 없습니까?"

그러자 안쪽의 문이 열리면서 아름다운 여자가 나오더니, 군사들에게 들어오라고 말하였다. 군사들은 마치 귀신에 홀린 듯 여자를 따라 안으로 들어갔다. 정신을 바짝 차리고 있던 에우릴로코스는, 어쩐지 수상하다는 생각이 들어 살짝 뒤로 빠졌다. 여자는 부드러운 미소를 지으면서 군사들에게 말하였다.

"어서 오세요. 저는 이 집의 주인입니다. 키르케라고 하지요. 저는 저의 집을 찾아온 손님에게는 친절을 베풀어야 한다고 생각합니다. 여러분은 무엇을 원하시는지요?"

군사들은 키르케의 다정한 말을 듣고는 배가 고프다고 대답하였다.

"그 정도라면 어려운 일도 아닙니다. 잠깐만 기다려 주십시오. 빨리 음식을 준비하겠습니다."

키르케는 군사들을 푹신한 소파가 있는 거실로 안내하고, 음식을 준비하러 나갔다. 군사들은 유쾌하게 이야기를 주고받으며, 그녀가 먹을 것을 가져오기를 기다렸다. 다만 한 사람, 에우릴로코스만이 창문 밖의 무화과나무 뒤에 숨어서 군사들을 지켜보고 있었다.

잠시 후에 키르케는 맛있어 보이는 과자와 포도주를 들고 들어왔다. 군사들은 집에서나 먹어 보았던 과자를 보자, 정신 없이 먹고 마셨다. 그런데 그 과자와 포도주에는 마법의 약이 들어 있었다. 군사들은 그것도 모르는 채 모두 그 음식들을 허겁지겁 먹었다.

그 때였다. 키르케가 지팡이를 꺼내어 군사들을 살짝 건드렸다. 그러자 놀라운 일이 벌어졌다. 지팡이에 닿은 군사들이 모두 돼지로 변해 버린 것이었다. 키르케는 마법을 부리는 여자였다. 군사들이 집 밖에서 보았던 사자와 늑대들도 모두 키르케의 마법에 걸린 사람들이었다. 그들은 겉모습만 짐승이었지, 정신은 아직 사람 그대로였던 것이다.

돼지로 변한 군사들은 놀라서 소리를 질렀지만, 그 소리는 돼지 울음 소리로 들릴 뿐이었다. 키르케는 꿀꿀거리는 돼지들을 밖으로 몰고 가서, 모두 더러운 돼지우리에 가두어 버렸다. 그리고는 도토리와 산수유 열매 같은 돼지 먹이를 던져 주었다.

"아니, 세상에 이럴 수가? 세상에 이렇게 끔찍한 일이……."

무화과나무 뒤에 숨어서 이 광경을 지켜보고 있던 에우릴로코스는, 그만 겁에 질려서 벌벌 떨며 허겁지겁 키르케의 집에서 도망을 쳤다. 허겁지겁 달려온 에우릴로코스의 말을 들은 오디세우스는, 은을 씌운 청동 검을 빼어 들었다. 또 어깨에는 활과 화살을 메었다. 그는 에우릴로코스에게 키르케의 집으로 가자고 하였다.

"오디세우스님, 제발 저는 가지 않도록 해 주십시오. 저는 다시는 그곳에 가고 싶지 않습니다."

에우릴로코스는 공포에 질려 창백해진 얼굴을 하고는, 몸을 부들부들 떨었다.

"오디세우스님도 가지 않으시는 게 좋을 겁니다. 그 여자는 무서운 마녀입니다. 우리라도 빨리 이 섬을 떠나는 것이 좋을 것 같습니다. 어서 떠나요!"

에우릴로코스는 계속해서 오디세우스를 말렸다.

"에우릴로코스, 무척이나 놀란 모양이구나! 자네는 여기서 쉬고 있도록 하게. 나는 그냥 떠날 수 없다네. 식사를 좀 하고 기분을 가라앉히고 있게."

오디세우스는 혼자서 숲으로 향하였다. 한참 숲길을 따라 걸어가다 보니, 으리으리한 집 한 채가 보였다. 분명 에우릴로코스가 말한 집 같았다. 오디세우스가 마음을 가다듬으며 막 그 곳으로 발걸음을 떼려는 순간, 누군가가 길을 막으며 오디세우스 앞에 나타났다. 깜짝 놀라 발길을 멈춘 오디세우스는, 그 사람이 누구인지 알 수가 없었다.

그 사람은 바로, 불운에서 벗어나지 못하고 온갖 고난을 겪고 있는 오디세우스에게 도움을 주기 위해, 변장을 하고 나타난 제우스 신의 전령 헤르메스였다.

"어디로 가시는가? 불행을 짊어지고 다니는 사나이여! 그대의 부하들은 저기 마녀 키르케의 집에서 돼지가 되어 감금당해 있지요. 그대는 그 부하들을 구하러 가고 있군요. 하지만 그대로 갔다가는 당신도 키르케에게 붙잡혀서 괴로움을 당하고 말 거요. 먼저 간 부하들과 같은 운명이 되고 말 거요."

오디세우스는, 갑자기 나타나서 이상한 말을 하는 그 사람을 믿을 수 없었다. 그러나 이상하게도 자기를 돕고 있다는 느낌이 강하게 온몸을 휘감았다. 헤르메스는 오디세우스의 복잡한 심정 따위는 아랑곳하지 않고 계속 말하였다.

"자, 당신이 위험을 모면할 수 있는 방법을 내가 알려주겠소."

헤르메스는 신선한 약초를 오디세우스에게 건네 주었다.

"이 약초를 먹어요. 이 약초는 신비한 힘을 가지고 있어서 키르케가 주는 음식을 먹어도 마법에 걸리지 않을 거요. 그러나 주의할 점이 있어요. 키르케가 지팡이로 당신을 건드릴 때, 당신은 곧바로 칼을 뽑아 그녀를 위협해야 하오. 그러면 키르케가 겁을 먹을 것이오. 그러나 그것으로 끝나는 것이 아니오. 키르케가 당신에게 호의를 베풀려고 하더라도, 반드시 그보다 먼저 그녀의 맹세를 받아야 하오. 그렇지 않으면, 당신이 안심한 틈을 타서 당신을 죽여 버릴 거요. 내 말을 명심해야 하오. 아시겠소?"

오디세우스가 그 약초를 받아든 순간, 헤르메스는 눈 깜짝할 사이에 사라져 버렸다. 오디세우스는 몹시 당황하였다. 그는 자신도 모르게 그 약초를 먹어 버렸다. 정신을 차린 오디세우스는 키르케의 집으로 향하였다. 집 앞에 이르러 큰 소리로 주인을 부르자, 아름다운 여자가 나와 오디세우스를 맞이하였다. 오디세우스는 키르케를 따라 집 안으로 들어갔다.

웅장하고 화려한 집 안으로 들어간 오디세우스는, 키르케가 안내하는 은으로 장식된 팔걸이의자에 앉았다. 키르케는 황금 술잔에 포도주를 가득 담아 가지고 나와서 오디세우스에게 권하였다. 오디세우스는 그 포도주에 마법의 약이 들어 있을 거라고 생각하였지만, 모르는 체하고 꿀꺽 마셨다. 약초 덕분인지 오디세우스는 아무 이상도 느끼지 않았다.

잠시 후, 키르케는 지팡이로 오디세우스를 살짝 건드리려고 하면서 큰 소리로 외쳤다.

"돼지가 되어 버려라! 그래서 너의 동료 곁으로 가거라!"

키르케의 행동과 거의 동시에, 오디세우스는 재빠르게 허리에 차고 있던 청동 검을 빼어 들었다.

"이 요사스러운 마녀야! 내 칼을 받아라!"

키르케는 오디세우스가 마법에 걸리지 않자 무척 당황하였다. 오디세우스가 금방 내려칠 것 같은 기세로 칼을 치켜들자, 키르케는 놀라 비명을 지르며 몸을 움츠렸다.

"제발 살려 주세요! 당신은 누구십니까? 내 마법에 걸리지 않다니……. 놀라운 일입니다. 당신은 어디서 온 누구입니까?"

당당하고 거센 목소리로 키르케를 위협하며 오디세우스가 말하였다.

"나는 이타카에서 온 오디세우스다!"

"아아, 그렇군요. 오디세우스가 틀림없어요. 언젠가 헤르메스가 나에게로 와서 당신이 오실 것을 예언해 주었어요. 당신이 오디세우스라면 나는 당신께 복종할 것입니다. 그러니 이제 칼을 거두어 주십시오."

오디세우스는 아까 숲길에서 갑자기 나타나 약초를 건네주던 사람의 말이 생각났다.

"그렇다면 맹세를 하시오. 다시는 나를 해치지 않겠다고 말이오. 그렇지 않으면 나는 당신을 믿을 수 없지 않겠소? 당신은 이미 나의 부하들을 돼지로 만들어 가두어 버렸으니, 당신의 맹세를 들어야 당신을 살려 줄 것이오."

키르케는 진심으로 오디세우스를 해치지 않겠다고 맹세하였다. 그리고는 하녀를 시켜 오디세우스를 극진히 모시게 하였다. 포도주와 빵과 황금 접시에 수북이 쌓인 고기를 대한 오디세우스는, 돼지우리에 갇힌 부하들 생각이 나서 도무지 음식에 손을 대고 싶지 않았다.

"무슨 걱정이라도 있으신가요? 왜 음식을 조금도 들지 않으시는지요?"

키르케가 오디세우스에게 다가와서 상냥하게 물었다. 그러자 오디세우스가 침통한 표정으로 말하였다.

"키르케! 당신이 나에게 진심으로 친절을 베풀어 주고 싶다면, 무엇보다도 먼저 내 부하들을 풀어 주어야 하지 않겠소? 부하들이 돼지가 되어 더럽고 차가운 우리 안에 갇혀 있는데, 어찌 맛있는 음식을 나혼자 먹고, 어찌 따뜻한 곳에서 휴식을 취하겠소?"

키르케는 오디세우스의 말을 듣고는, 즉시 지팡이를 들고 밖으로 나갔다. 오디세우스도 기대하는 마음으로 키르케를 따라 나섰다. 돼지우리 앞으로 간 키르케는, 지팡이로 돼지들의 등을 살짝 건드리면서 무슨 약을 발라 주었다. 그러자 놀랍게도 돼지들은 모두 사람의 모습으로 돌아왔다. 그들은 돼지가 되기 전보다도 훨씬 더 젊고 튼튼해 보였다. 부하들은 오디세우스를 보더니, 눈물을 흘리며 고마워했다.

"오디세우스님, 당신의 배를 완전히 육지로 끌어올려 놓고, 거기에 있는 부하들도 모두 데리고 오십시오. 제가 당신 부하들에게 했던 잘못을 빌기 위하여 정성껏 대접해 드리겠습니다."

키르케의 말 속에는 진심이 담겨 있었다. 오디세우스는 키르케의 말을 따르기로 하고 해안으로 돌아갔다. 오디세우스 역시 돼지가 되어 버렸을 것이라고 걱정하던 부하들은, 오디세우스와 부하들이 무사히 돌아오자, 환호성을 지르며 기뻐하였다.

오디세우스는 군사들에게 키르케의 집으로 가자고 하였다. 그는 그곳에 가면 맛있는 음식과 편안히 쉴 곳이 마련되어 있다는 키르케의 말을 전했다. 이 말을 들은 군사들은, 오랜만에 휴식을 취할 생각을 하자 모두 기뻐하였다. 그러나 에우릴로코스만은 두려운 마음을 버리지 못했다.

"저는 정말 그 곳에 다시는 가고 싶지 않습니다. 저는 여기에 남아 있겠습니다. 여보게들, 오디세우스님은 전에도 키클로페스 종족의 나라에서 무모하게 우리를 동굴로 데리고 갔다가 몇 사람이나 죽게 만들지 않았나? 그 일을 잊지 않았겠지? 자네들도 여기 남아 있는 게 좋을 걸세."

오디세우스는 이 말을 듣자 몹시 화가 났다. 무례한 에우릴로코스의 목을 당장이라도 베어 버리고 싶었지만 꾹 참았다. 오디세우스는 에우릴로코스에게 더 이상 아무 말도 하지 않고 그대로 남겨 둔 채, 부하들만 데리고 숲으로 향하였다. 이처럼 모든 사람들이 오디세우스를 따르자, 에우릴로코스도 할 수 없이 오디세우스를 따라 나섰다. 에우릴로코스를 제외한 모든 군사들은 푸짐하고 맛있는 음식과 편안하고 안락한 휴식을 꿈꾸며, 가벼운 발걸음으로 빠르게 걸었다.

키르케는 오디세우스와 그의 부하들에게 진심으로 훌륭한 대접을 해 주었다. 따뜻한 물에 좋은 향을 풀어 기분 좋은 목욕을 하게 해 주었고, 부드러운 털로 된 새 옷을 주었다. 그리고 온갖 맛있는 음식을 풍성하게 먹게 해 주었다.

"당신들이 기뻐하는 모습을 보니 저도 무척 기쁩니다. 당신들은 오랫동안 위험한 여행을 하느라고 지쳐 있는 것 같아요. 부디 저의 집에서 편안히 쉬면서 기운을 찾으시기 바랍니다."

오디세우스 일행은 키르케의 말에 감동을 받았다. 키르케는 매일 매일 군사들에게 극진한 대접을 해 주었다. 오랜 객지 생활과 큰 고난으로 몸과 마음이 지친 군사들은, 마음껏 먹고 마시면서 흥겨운 나날을 보내었다. 그들은 모두 건강해지기 시작했다.

어느덧 1년이 훌쩍 지나가 버렸다.

영혼들이 사는 나라

흥겹고 풍요로운 날들이었지만, 1년씩이나 객지에 머물게 되자 군사들은 점점 지루해졌다. 무엇보다 하루라도 빨리 그리운 고향으로 가고 싶어 견딜 수가 없었다. 오디세우스 역시 가족과 집이 그리웠다.

어느 날 저녁, 오디세우스는 키르케에게 조용히 말하였다.

"키르케, 우리는 당신에게 무척 고마운 마음을 갖고 있소! 그 동안 우리는 결코 잊을 수 없는 좋은 대접을 받았소. 하지만 이제는 고향으로 가야겠소. 우리에게 길을 안내해 주겠소?"

오디세우스는 간절하게 말하였다. 키르케도 진지한 표정으로 말하였다.

"오디세우스님, 이제 당신이 이 곳을 떠나시겠다면, 저로서는 더 이상 붙잡을 수 없지요. 그러나 당신이 무사히 고향으로 돌아가시려면,

먼저 들러야 할 곳이 있습니다."

"그곳이 어디입니까?"

"영혼의 나라입니다. 거기에 가면 장님 예언자인 테이레시아스를 만날 수 있을 겁니다. 그는 살아서 유명했지만, 죽어서도 여전히 뛰어난 예언 능력을 갖고 있습니다. 그가 당신의 운명에 대하여 알려줄 것입니다."

오디세우스는 키르케의 말을 듣고 깜짝 놀랐다.

"영혼의 나라라니? 그곳은 죽은 사람들이 있는 곳 아니오? 그렇다면 우리는 고향에도 못 가 보고 죽는다는 말이오?"

"걱정 마세요. 당신은 살아 있는 그대로 잠시 들르는 것뿐이에요."

"그럼, 어떻게 해야 그 영혼의 나라로 갈 수가 있소? 키르케, 당신이 안내를 해 주시나요?"

"아닙니다. 북풍이 당신의 배를 그곳으로 데려다 줄 것입니다. 당신은 그저 흰 돛을 매어 놓기만 하면 됩니다. 그러면 바람이 알아서 당신을 거기까지 안내할 겁니다. 그곳에 도착해서 할 일은 제가 가르쳐 드리지요. 당신은 제가 시키는 대로만 하시면 됩니다."

키르케는, 오디세우스가 영혼의 나라에 무사히 들어가기 위하여 해야 할 일들을 자세하게 설명해 주었다.

다음 날 아침이 되자, 오디세우스는 부하들을 불러 모아 말하였다.

"그대들이 바라는 대로 이제 우리는 고향을 향하여, 가족의 품으로 떠난다!"

부하들은 서로를 부둥켜안으며 좋아하였다.

"모두들 내 마음처럼 기쁠 것이다. 오랜만의 항해라 빠뜨리는 것이 많을 것이다. 더욱더 철저하게 항해 준비를 하거라!"

모두들 마음이 들떠 부산하게 뛰어다니며 떠날 준비를 하였다. 어떤 군사 한 사람은 너무 서두르다가, 그만 지붕에서 떨어져 목숨을 잃기도 했다.

드디어 출발의 날이 되었다.

오디세우스와 군사들은 키르케에게 감사의 인사를 하고 배에 올랐다. 배가 해안에서 멀어지자 오디세우스는 부하들에게 말하였다.

"우리는 지금 바로 집으로 갈 수 없다. 영혼의 나라로 가야 한다. 거기서 예언을 들어야만 고향에 갈 수 있다고 한다."

군사들은 그 말을 듣고, 그만 기쁨이 슬픔으로 바뀌는 것 같았다. 그렇지만 오디세우스의 말에 따를 수밖에 없었다. 키르케의 말대로 오디세우스가 탄 배는 배를 띄우고 흰 돛을 펼치자, 순풍을 타고 순조롭게 항해하였다. 하루 종일 바다를 달리는 동안 돛은 내내 팽팽하였다.

해가 지고 온 세상에 어둠이 깔릴 무렵, 드디어 배는 영혼의 나라에 도착하였다. 그 곳은 항상 밤만 계속되고 낮이 없는 어둠의 나라였다. 망령들을 위하여 제사를 올리고, 제물로 바칠 살찐 양들과 그 밖의 재물들을 가지고 오디세우스는 부하들과 함께 육지로 내렸다. 이것들은 모두 키르케가 준비해 준 것들이었다.

오디세우스는 키르케가 가르쳐 준 장소를 찾아가서 땅에 구덩이를 팠다. 그리고는 구덩이에 술과 보리를 넣고 영혼들에게 기원하였다. 오디세우스는 예언자 테이레시아스를 위해서 특별히 큰 양을 제물로 바쳤다. 오디세우스는 키르케가 가르쳐 준 대로 천천히 조심스럽게 이 일을 진행하였다.

제사와 기도가 끝나자 영혼들이 모여들기 시작하였다. 고생을 많이 하다 죽은 영혼, 젊은 사나이의 영혼, 처녀 영혼, 어린아이의 영혼도 있었다. 사방에서 몰려오는 영혼들은, 알아듣기 힘든 소리를 냈다. 부하들은 여기저기서 나타나서 우는 듯한 소리와 더불어 영혼들을 보자, 겁에

질려 벌벌 떨었다. 오디세우스는 걱정할 것 없다며 부하들을 안심시켰다. 그러자 부하들도 안심하는 것 같았다.

가장 먼저 오디세우스에게 다가온 영혼은 엘페노르였다. 이 사나이는 키르케의 집 지붕에서 떨어져 죽은 바로 그 부하였는데, 바쁘게 출발하느라고 미처 장례도 치러 주지 못했었다. 오디세우스는 슬픈 목소리로 말하였다.

"엘페노르여! 몇 시간 전까지만 해도 우리와 함께 있었는데, 자네 먼저 이 영혼의 나라로 왔구나! 정말 슬픈 일이다."

오디세우스의 말을 들은 엘페노르는 길게 탄식하였다.

"모든 게 신의 뜻이지요. 하지만 오디세우스님에게 한 가지만 부탁드리겠습니다. 오디세우스님은 이 곳을 떠나면 아이아이 섬으로 다시 돌아가게 될 것입니다. 그 때 제 시신을 찾아서 땅에 묻어 주십시오. 그래야만 제가 신의 저주를 피할 수 있습니다."

"가여운 사람! 알겠네, 약속하지. 내가 무슨 일이 있어도 자네와의 약속을 지키겠네."

오디세우스는 이렇게 말하였다. 두 번째로 오디세우스를 찾아온 영혼은 오디세우스의 어머니였다. 오디세우스가 이타카를 떠나오기 전에는 살아 계셨지만, 그 후에 돌아가신 것이었다. 오디세우스는 그토록 그리워하던 어머니를, 이 곳에서 영혼으로 만나게 되자 무척 슬펐다. 오디세우스는 하염없이 눈물을 흘리며 어머니를 맞이하였다.

"어머니, 어머니를 얼마나 보고 싶었는데, 고향을 떠나온 지 10년 만에 이런 곳에서 어머니를 만나게 될 줄이야! 참으로 죄송합니다."

"사랑하는 내 아들아! 너는 어찌하여 죽은 사람들만 오는 이 곳까지 왔느냐? 어려운 일들이 네 운명을 따라다니는가 보구나!"

"그렇습니다. 저는 예언자인 테이레시아스를 만나야만 합니다. 그를 만나 제 앞날에 대한 예언을 들어야만 위험을 피하여 고향으로 돌아갈 수 있습니다. 그런데 어머니, 어머니야말로 어찌하여 이곳으로 오게 되었습니까? 병에 걸리셨던 건가요? 아니면 못된 놈들의 화살에라도 맞으셨나요? 아버님과 제 아내, 그리고 아들은 모두 잘 있나요? 정말 고향의 모든 것이 그립습니다. 너무 보고 싶어요. 아시는 대로 저에게 들려주세요."

"아니다. 나는 병이 난 것도 아니고 누구에게 죽음을 당한 것도 아니란다. 그저 나이가 많아 죽은 것이지. 아무래도 너를 기다리느라 속병이 생기기는 했겠지만, 너무 걱정 말아라. 나는 편안히 살다가 죽었단다. 그리고 네 아내는 여전히 너만 기다리고 있단다. 네 아들인 텔레마코스도 물론 잘 있고, 네 아버지 또한 평안하시단다. 내 아들아, 나는 네가 제일 걱정이란다."

오디세우스는 복받치는 감정을 누를 수가 없어서 어머니를 껴안으려고 하였다. 하지만 어머니는 이미 죽은 몸이었으므로 만져지지가 않았다.

"우리는 이야기만 나눌 수 있을 뿐이란다. 육체를 가지고 있지 못한 영혼이라는 것을 잊었나 보구나."

오디세우스가 안타까워하는 모습을 보고 어머니가 조용히 말하였다. 오디세우스는 어머니와 여러 가지 이야기를 나누었다. 그 동안에도 많은 영혼들이 오디세우스 주변으로 다가와 서성거렸다. 영혼들은 모두 지치고 창백한 얼굴로 느릿느릿 걸어다녔다. 드디어 예언자인 테이레시아스의 영혼이 나타났다.

"오디세우스여, 그대는 하루빨리 고향으로 돌아가기를 원하는구나. 당연한 소망이지. 하지만 쉽지는 않을 걸세. 바다를 지배하는 신 포세이돈이 그대에게 원한을 품고 있기 때문이네. 자네는 포세이돈의 아들인 외눈박이 거인 폴리페모스의 눈을 못 쓰게 만들었으니, 포세이돈은 화가 났고 그렇기 때문에 자넬 끝까지 괴롭힐 걸세."

이 말을 들은 오디세우스가 절망적인 표정을 짓자, 테이레시아스는 천천히 다음 말을 이었다.

"그러나 그대와 군사들이 정신을 바짝 차린다면, 고향으로 돌아갈 수도 있네. 다른 많은 신들은 그대를 도우려고 하니까 말이네. 우선 그대는 태양신인 헬리오스의 나라에 도착하게 되는데, 그 곳에 가게 되면 그 땅에 있는 가축들을 절대로 건드려서는 안 되네. 만약 한 마리라도 건드렸다가는, 헬리오스를 분노하게 만드는 것이네. 그게 첫 번째 자네가 주의해야 할 일이네. 그러면 큰 위험으로부터 벗어날 수 있게 되네. 그렇다고 그것만으로 그대의 고난이 끝나는 것은 아닐세. 운이 좋아 무사히 고향에 도착한다고 해도 여전히 위험은 남아 있네. 고향에는 자네가 돌아오는 것을 원하지 않는 사람들이 너무도 많네. 그들은 바로 그대의 아내를 차지하려는 사람들이네. 그대는 먼저 그 구혼자들을 다 물리쳐야 하네. 그 다음에는 포세이돈에게 제사를 지내야 하네. 그래서 그의 노여움이 풀리도록 빌어야 한다네. 그 모든 일이 제대로 되어 준다면, 그대의 남은 인생은 무척 행복하게 될 걸세. 그대는 모두 부러워하는 여생을 보내다가, 아주 편안하게 세상을 떠날 수 있게 되는 거지. 자, 이제까지 말한 것이 나의 예언이라네! 그러나 예언은 예언일 뿐이네. 모든 것은 자네의 지혜와 용기에 따라 결정이 될 걸세. 명심하게나! 자네의 행복과 불행을 가르는 칼자루는 자네가 쥐고 있다는 것을!"

테이레시아스는 예언을 끝내고 돌아섰다. 테이레시아스의 영혼은 오디세우스의 눈앞에서 흐릿한 안개 속으로 사라졌다. 오디세우스는 테이레시아스를 보내고 나서도 많은 영혼들을 만났다. 아소포소 왕의 딸인 안티오페, 제우스 신과의 사이에서 헤라클레스를 낳은 암피드리온의 아내인 알크메네, 오이디푸스의 어머니인 이오카스테 등을 만나 많은 이야기를 나누었다.

오이디푸스는 세상에서 가장 슬픈 운명을 지닌 사람이었다. 그는 자기의 부모가 누구인지도 모르고 살다가, 결국 아버지를 살해하고 어머니와 결혼하려던 사람이었다. 오디세우스는 또한, 트로이 전쟁의 영웅이었던 아킬레우스의 영혼도 만났다. 아킬레우스는 그리스 무사 중에서 가장 뛰어난 용기와 힘을 가지고 있던 사람이었으나, 전쟁이 끝날 무렵에 그만 전사하고 말았다.

오디세우스는 신으로부터 가혹한 벌을 받고 있는 시시포스도 만났고, 사자처럼 힘이 좋은 헤라클레스도 만났다. 이렇게 많은 영혼들을 만나 이야기를 하는 동안 오디세우스는 많은 것을 알게 되었지만, 앞으로 자기 앞에 펼쳐질 일들을 생각하자 마음이 착잡해졌다.

오디세우스는 영혼의 나라를 떠나, 키르케가 살고 있는 아이아이 섬으로 향하였다. 올 때와 마찬가지로 배는, 알맞게 불어오는 순풍의 영향을 받아 순조롭게 항해를 할 수 있었다. 아이아이 섬에 도착하자마자 오디세우스는 엘페노르의 시신을 찾아왔다. 그리고는 해가 잘 드는 해안에다가 그를 묻었다. 모두들 눈물을 흘리며 명복을 빌어 주었다.

아이아이 섬에는 맛있는 음식 냄새가 진동을 하였다. 키르케가 오디세우스 일행이 온 것을 알고, 미리 음식 준비를 해놓고 기다리고 있었기 때문이었다. 군사들은 키르케의 집으로 달려가, 맛있는 음식을 배부르게 먹었다. 식사가 끝나자, 키르케가 오디세우스를 따로 불러 말하였다.

"오디세우스님, 이제부터 제가 하는 말을 잘 들으세요. 당신들이 무사히 돌아가려면, 제가 말하는 대로 따라야만 합니다. 당신은 이미 테이레시아스로부터 여러 가지 주의를 받았겠지만, 제 말도 잘 들으셔야 합니다. 태양신인 헬리오스의 나라에 가면, 그의 가축을 건드리지 말라고 하였지요? 당연히 그래야만 합니다. 그것말고도 당신이 조심해야 할 것이 많아요. 이제부터 차근차근 말씀드리지요."

키르케는 다정한 목소리로, 오디세우스의 앞날을 진심으로 걱정해 주었다.

"당신의 배가 바다로 나가게 되면, 얼마 지나지 않아 세일렌의 섬을 지나가게 될 것입니다. 세일렌은 고운 목소리로 노래를 불러서 사람들을 호린답니다. 누구든지 세일렌의 노래를 들으면, 그 노랫소리에 홀려 다시는 고향으로 돌아갈 수 없게 됩니다. 당신은 연한 풀잎으로 군사들의 귀를 막아 주어야 합니다. 물론 당신도 세일렌의 노래를 듣지 않도록 해야 해요. 세일렌의 섬을 무사히 지나가게 되면, 다음에는 두 개의 뱃길이 있어요. 하나는 거대한 암초가 있는 곳인데, 그 곳에는 항상 무시무시한 파도가 치고 있어요. 날짐승이라 하더라도 그 곳을 무사히 지나가기는 힘들어요. 제우스 신에게 신성한 음식을 날라다 주는 비둘기들도 그 곳을 쉽게 통과하지는 못합니다. 두 마리 중한 마리는 꼭 목숨을 잃고 말지요. 다른 뱃길은 두 개의 낭떠러지가있는 곳인데, 낭떠러지 중 하나는 매우 높고 하나는 낮아요. 당신은 이 곳에서도 선택을 잘 해야 합니다. 두 개의 낭떠러지 중 어느 쪽에 붙어 지나가야 하는가를 말이에요. 높은 낭떠러지 한가운데에는 안개가 자욱한 동굴이 있어요. 이 동굴에는 스킬라라는 무서운 괴물이 살고 있어요. 그 괴물은 해괴한 소리를 질러 대고, 다리는 열두 개나 되는데, 여섯 개는 발목이 길어요. 또 여섯 개의 머리를 가지고 있어요. 그 모습은 보기에도 끔찍할 정도지요. 그 괴물은 배가 낭떠러지 아래를 지나게 되면, 그 여섯 개의 머리를 빠르게 움직여서 사람을 잡아

먹어요. 두껍고 촘촘히 박힌 이가 석 줄씩이나 있어서, 큰 짐승들도 금방 물어뜯어 버리지요. 지금까지 그 누구도 그 괴물의 공격을 피할 수는 없었어요. 당신이 그 곳으로 지나간다면, 부하 여섯 명을 잃을 각오를 해야만 할 거예요. 하지만 그래도 그쪽이 훨씬 안전해요. 왜냐하면, 낮은 낭떠러지에는 바닷물을 다 빨아들이는 무서운 괴물이 있기 때문이에요. 카리브디스라는 이 괴물은 하루에 세 번씩 바닷물을 전부 빨아들였다가는 내뱉어요. 그러니 이 물살에 휩쓸리면 모든 사람이 꼼짝없이 죽게 되거든요. 전부 다 죽게 되지요!"

키르케의 말을 다 들은 오디세우스는, 자신이 겪어야 할 일들을 생각하자 마음이 무거워졌다.

"그 다음으로 당신은 태양신인 헬리오스가 가축들과 건강한 양떼를 수천 마리나 키우고 있는 섬에 도착할 거예요. 그 가축들에게 해를 입혀서는 절대 이타카로 돌아갈 수가 없어요. 모두 죽게 될 테니까요. 해를 입히지 않는다면 고향으로 갈 수는 있어요. 그것도 많은 고난을 겪은 다음에나 갈 수 있어요!"

"그 위험을 모두 피할 수는 없는 겁니까?"

오디세우스가 이렇게 묻자 키르케가 목소리를 높여 말하였다.

"오디세우스님! 어찌 그리 나약한 말씀을 하십니까? 그것은 당신의 운명이에요. 오직 용기와 지혜만이 그 운명을 극복할 수 있습니다."

키르케의 이야기가 다 끝나고 나니 어느 새 아침이 되었다.

요정 세일렌

군사들은 모두 부지런히 움직이고 있었다. 떠오르는 태양이 바다 위로 멋진 햇살을 뿌리며, 그들의 이마에 구슬땀을 맺히게 하고 있었다.

위험이 기다리고 있는 바다로 나가야 하는 오디세우스는 마음이 무거웠다. 앞으로 또 얼마나 많은 고난들이 자신과 부하들을 지치게 할지 괴로웠지만, 이제는 할 수 없었다. 군사들은 배를 띄우고 열심히 노를 저었다. 키르케가 사는 아이아이 섬이 조금씩 멀어져 갔다. 마침내 일행은 바다 한가운데에 들어와 있었다.

오디세우스는 군사들을 불러모아 이야기를 해 주었다. 키르케에게 들었던 험난한 운명을 이야기해 주고, 연한 풀잎을 단단히 묶어 군사들의 귀를 막아 주었다. 하지만 오디세우스는 자신의 귀는 막지 않았다. 그는 강한 호기심을 느꼈다. 도대체 세일렌 요정의 노랫소리가 어떤지, 또 과연 자신을 호려서 정신을 흐리게 할 수 있을지 알고 싶었다. 그래서 오디세우스는 귀를 막는 대신, 자신의 몸을 돛대에 묶었다.

"내가 무슨 말을 하더라도 나를 풀어 주어서는 안 된다. 내가 소리를 지를수록 내 몸을 더욱 단단히 묶도록 하여라!"

오디세우스는 부하들에게 명령하였다. 드디어 세일렌 요정이 사는 섬이 가까워지고 있었다. 얼마 후, 갑자기 바람이 멈추었다. 숨막히는 고요가 밀려왔다. 군사들은 돛을 내리고 힘차게 노를 저었다. 오디세우스는 여전히 돛대에 묶여 있었다.

섬이 가까워지자 노랫소리가 들리기 시작하였다. 군사들은 아무 소리도 들을 수 없었으므로, 묵묵히 노를 저어 나갔다. 하지만 오디세우스는 세일렌 요정의 노래를 들었다.

이리로 오세요.
세상에서 가장 유명한 오디세우스님!
아카이아 기사들의 위대한 영광이여!
어서 가까이 다가와서 우리의 노래를 들어주세요.

우리의 노래를 듣지 않고는 배를 타고 이 곳을 지날 수 없답니다.
오디세우스님, 좀더 가까이 오세요!

그것은 참으로 아름다운 목소리였다. 더욱이 그 노랫말은 사람의 마음을 더할 수 없이 황홀하게 만들어 주었다. 오디세우스는 이미 그 노랫소리에 모든 정신을 빼앗기고 있었다. 그는 온몸을 뒤틀며 소리를 지르기 시작하였다.

"나를 풀어라! 어서 나를 풀어 다오!"

오디세우스는 미친 듯이 외쳤다. 그러나 귀를 막은 군사들은 그의 목소리를 듣지 못했고, 꼼짝도 하지 않은 채 열심히 노를 저을 뿐이었다. 간혹 몇 사람이 오디세우스가 몸부림치는 것을 보았으나, 그대로 내버려두었다. 오디세우스가 미리 했던 명령을 지켜야 했기 때문이었다. 부하들은 오히려 오디세우스가 움직이지 못하도록 더 꽁꽁 묶었다. 그 순간에도 오디세우스는 자기를 풀어 달라고 계속해서 외쳤다.

배는 조금씩 세일렌의 섬에서 멀어져 갔다. 그러자 요정의 노랫소리도 멀어져 갔다. 오디세우스도 차츰 마음을 진정시킬 수 있었다. 오디세우스는 자기의 몸이 묶여 있지 않은 상태에서 노래를 들었다면, 큰일이 벌어졌을 거라고 생각하였다. 그 아름다운 목소리는 악마의 유혹이었다.

오디세우스의 마음이 진정되자, 부하들이 달려와서 오디세우스를 풀어 주었다.

"오디세우스님, 괜찮으신 겁니까? 우리가 오디세우스님을 풀어 드리지 않은 것이 잘한 것인지 모르겠습니다."

"아니다, 정말 잘했다! 다들 무사하구나. 정말 다행이다. 수고들 하였어!"

오디세우스는, 끝까지 명령을 잘 지켜 준 부하들이 대견스럽고 고마웠다. 무사히 섬을 지나온 오디세우스는 기력을 되찾고 다시 군사들을 지휘하기 시작하였다.

끔찍한 괴물 스킬라

오디세우스의 배는 잔잔한 바다 위를 달리다가, 또 다른 고난을 맞이하였다. 갑자기 짙은 안개가 사방을 어둠으로 몰고 가서 지척을 분간할 수 없게 하고, 무서운 기세로 몰려오는 파도는 금방이라도 오디세우스 일행을 집어삼킬 것 같았다.

군사들은 그 엄청나게 내리치는 비와 강풍에 겁을 먹고는, 노를 젓던 손을 놓아 버렸다. 그러자 오디세우스는 웅변하듯 강하게 말하였다.

"군사들이여! 여기서 멈출 수는 없다. 우리에게는 제우스님이 있지 않은가? 바다는 위험하지만 정신만 바짝 차리면 이 곳을 무사히 빠져나갈 수 있다. 우리의 강한 힘을 보여 주자! 그러면 신은 우리를 보살펴 주실 것이다. 자, 힘을 내자!"

오디세우스의 말에 힘을 얻은 군사들은 다시 정신을 차리고 힘차게 노를 저었다. 저 멀리 두 개의 낭떠러지가 보였다. 오디세우스는 그쪽으로 배를 몰도록 하였다. 그 곳은 괴물 스킬라가 살고 있다는 곳이었다.

그러나 오디세우스는 군사들에게, 그 괴물에 대해서는 아무것도 말하지 않았다. 어차피 그것은 피할 수 없는 일이었기에, 미리 말해 보았자 괜히 공포심만 느낄 거라는 생각 때문이었다. 그런데 이 때 오디세우스는 키르케가 이야기한 것 중 한 가지를 깜빡 잊고 있었다. 그것은 오디세우스에게 절대로 갑옷을 입지 말라고 한 다짐이었다.

스킬라가 워낙 빨라서, 갑옷을 입고는 제대로 움직일 수가 없기 때문이었다. 그러나 오디세우스는 그것을 미처 생각하지 못하고, 갑옷을 챙겨 입고 있었다. 배는 천천히 미끄러지듯 두 개의 낭떠러지 사이로 다가갔다. 물결이 세차게 요동치고 있었는데, 그쪽은 바로 낮은 쪽의 낭떠러지였다. 바로 카리브디스가 물을 뱉어 내고 있었던 것이다. 카리브디스는 물을 빨아들였고, 이내 바다 밑바닥이 드러나기 시작하였다.

오디세우스는 외쳤다.

"어서 저쪽으로 노를 저어라! 바로 저쪽이다! 높은 낭떠러지, 그쪽으로 가자!"

군사들은 위태로운 상황에서 땀을 뻘뻘 흘리며, 신속하고 정확하게 노를 저었다. 오디세우스는 두 눈을 부릅뜨고 사방을 살폈다.

물안개가 자욱한 주변은 아무것도 정확하게 보이지 않았지만, 괴물이 나타나지는 않은 것 같았다. 오디세우스는 속으로 몇 번이고 다짐을 하며 부하들에게 말하였다.

"방심하지 말자! 또 너무 겁먹지도 말자! 우리는 할 수 있어!"

안개가 시야를 가려 자세히 볼 수는 없었지만, 낭떠러지 중간쯤에 이르자 과연 키르케가 말하던 그 동굴이 있었다.

그 순간, 스킬라가 나타났다.

"아악!"

"저건 뭐지? 아악!"

군사들의 짧은 비명 소리가 들림과 동시에, 여섯 명의 군사들은 이미 처참한 모습이었다. 키르케의 말처럼 정말 끔찍한 모습의 괴물이었다. 열두 개의 다리와 여섯 개의 머리를 가진 스킬라는 바람처럼 빨랐다. 오디세우스가 칼을 빼어 들었지만 때는 이미 늦었다.

흉측하게 생긴 여섯 개의 입이 군사들을 각각 물어 버렸다. 여섯 명의 군사는 스킬라에게 물린 채, 공중에서 허우적거리고 있었다. 아무리 용맹스러운 오디세우스라도 어쩔 수 없었다. 그 광경을 본 병사들은 죽을 힘을 다하여 노를 저었다. 배는 바위 벽 사이를 빠져 나와 넓은 바다로 나아갔다.

태양신의 나라와 가축

끔찍하기만 했던 악몽의 순간들은 사라져 갔다. 모든 군사들과 오디세우스는 슬픔과 분노로 가슴이 너무나 아프고 몸은 지쳐 있었다. 그들에게는 무엇보다도 휴식이 필요했다. 그러나 오디세우스가 가고 있는 섬은, 태양신인 헬리오스가 가축을 기르며 살고 있는 섬이었다. 키르케와 예언자 테이레시아스도 주의하라고 했던 바로 그 섬이었다.

오디세우스는 키르케의 말을 전하며, 군사들에게 조심하라고 일렀다. 그러나 너무나도 지친 군사들은 오디세우스의 말을 들으려고도 하지 않고, 그저 쉬었다 가자고 졸라 댔다.

심지어 에우릴로코스마저도 이렇게 말하였다.

"오디세우스님, 정말 너무하시는군요. 우리는 너무나 지쳤습니다. 이 어두운 밤에 졸음과 피로를 무릅쓰고 가라고 하는 건 지나치십니다. 오디세우스님은 힘도 좋고, 누구보다 튼튼하시지만, 우리는 더 이상 갈 힘이 없습니다. 너무 지쳤단 말입니다. 너무 자신만을 생각하지 마십시오."

지친 군사들은 에우릴로코스의 말에 찬성하면서, 오디세우스의 말을 무시해 버렸다. 어쩔 수 없이 오디세우스는 군사들의 말을 들어주기로 하였다.

'그래, 가축만 건드리지 않으면 아무 일도 없을 거야.'

이렇게 생각한 오디세우스는 섬에 배를 대도록 허락하였다. 그 대신 군사들에게 맹세를 하도록 했다.

　"절대로 이 곳에서 자라고 있는 소와 양을 건드리지 않는다고 맹세하여라! 이 곳의 가축을 먹으면 반드시 무서운 재앙이 내릴 것이다!"

　"맹세합니다, 걱정하지 마십시오."

　군사들은 맹세하였고, 태양신의 섬 해안에 배를 대었다. 군사들은 배에서 내리자마자 저녁을 준비하였다. 오랜만에 군사들은 따뜻한 음식을 먹을 수 있었다. 그들은 해안가에 누워 휴식을 취하면서, 스킬라에게 잡아먹힌 동료들을 생각하며 울음을 터뜨렸다. 울다 지친 군사들은 그대로 잠이 들었다. 그러나 그 날 밤에는 바람이 몹시 불었고, 군사들은 그 바람을 피하느라 잠을 설치고 말았다.

　다음 날 아침이 밝았는데도 하늘은 온통 먹구름만 가득하였고, 비바람이 몰아쳐 배를 띄울 수가 없었다. 그런데 시간이 가면 갈수록 바람은 더욱 거세지고, 하늘은 온통 까맣게 물들어 갔다. 어쩔 수 없이 이 섬에 머물게 된 오디세우스 일행은, 어느 새 그 상태로 한 달이라는 시간을 허비하고 있었다.

　그 동안 충분했던 식량도 모두 바닥이 났다. 그래서 그들은 물고기와 날짐승을 잡아먹어야 하였다. 그러나 그것으로 군사들의 식사는 해결되지 않았고, 점점 더 굶주림에 허덕여야 했다. 날이 갈수록 오디세우스는 불안해져서 군사들에게 다시 한 번 일렀다.

　"행여나 무슨 참변이 일어날까 걱정이 된다. 이 곳의 소와 양은, 모든 것을 보고 들을 수 있는 무서운 태양신이 키우는 것이다. 절대로 아무 것이든 손을 대서는 안 된다."

　그는 높은 산으로 올라가 신들에게 기도를 올렸다. 그러나 그 사이에 산 밑에서는 에우릴로코스가 군사들을 선동하고 있었다.

　"모두들 내 말을 잘 들어 보게. 우리는 그 동안 많은 위험을 겪으면서도 용케 살아남지 않았는가? 그런데 어이없이 여기서 굶어죽는다는 것은 기가 막히지 않나? 풀뿌리까지 다 캐어 먹었지만, 이제는 더 이상 먹을 것이 없지 않나? 하지만 저기에 가축들이 많지 않은가? 눈앞에 먹을 것을 놔두고 이대로 굶어죽을 수는 없잖아. 이렇게 죽으나 저렇게 죽으나 매한가지, 나는 저것들을 잡아먹어야겠어. 너무 배가 고파. 어때? 자네들 생각도 나와 같지 않나?"

군사들은 모두 에우릴로코스의 말에 찬성하였다. 그들은 더 이상 참을 수 없을 정도로 배가 몹시 고팠던 것이다. 마침내 군사들은 언덕을 넘어가 태양신의 가축인 소를, 그것도 가장 살찌고 큰 소들만 골라서 잡았다.

맛있는 고기를 대하자, 그들 중 어느 누구도 태양신의 분노는 생각조차 하지 않았다. 군사들은 고기 굽는 냄새를 풍기며 정신 없이 고기를 먹었다. 배를 채운 군사들은 다시 흥겨워졌다. 고기 굽는 냄새가 어느새 섬 전체에 퍼졌다. 오디세우스는 그 냄새를 맡고 벌떡 일어났다. 부하들이 그 사이에 무슨 짓을 저질렀는지 능히 알 수 있었다.

"아, 우리는 이제 태양신의 저주를 받겠구나. 아아, 이제 어찌한단 말인가!"

그러나 군사들은 오디세우스의 탄식에도 아랑곳하지 않고, 아주 맛있게 고기를 먹어치웠다. 오직 오디세우스만이 절망을 느끼고 있었다.

이미 태양신의 저주는 그 징조를 보이고 있었다. 바닥에 널린 소의 가죽은 살아 있는 것처럼 기어다니고 있었고, 꼬챙이에 꿰어져 있는 고기에서는 신음하는 소의 울음소리가 나고 있었다. 그렇지만 군사들은 그런 징조를 보고도 아무런 걱정도 하지 않았다. 오히려 고기 맛을 보고 난 그들은, 또다른 가축을 잡아먹으려고 여러 날을 돌아다녔다.

그 동안 바다는 잠잠해지고 돌풍이 멈추었다.

오디세우스는 때를 놓치지 않고 배를 띄웠다. 군사들도 힘차게 노를 저었으므로 배는 금세 바다 한가운데로 나아갔다. 그렇지만 태양신의 저주는 그 때부터 시작되었다. 섬을 떠난 이후로 다른 섬은 하나도 나타나지 않고, 오로지 바다와 하늘만이 전부였다. 지칠 대로 지친 군사들을 이끌고 힘겨운 항해를 계속하였다.

갑자기 주위가 밤처럼 캄캄해지더니 주변은 온통 시커먼 바다뿐이었고, 세찬 비바람이 몰려와 배를 덮쳐 버렸다. 돛대는 뒤로 쓰러지고, 배의 온갖 장비들이 배 위로 흩어졌다. 군사들은 아우성을 치면서 노에 매달렸다. 거센 비바람을 이길 수는 없었다. 마침내 천둥이 치고 번개가 내리쳐서, 돛대가 부러지고 말았다. 그 쓰러지는 돛대에 맞아 군사 몇 명이 죽었다.

하지만 그것으로 끝난 것이 아니었다. 모든 군사들은 어느 것에라도 매달려 목숨을 유지하려고 하였다. 또다시 번개가 치더니, 우레 소리와 함께 벼락이 배 한가운데 떨어졌다. 배 안은 아수라장이 되었다. 오디세우스 역시, 자기 자신조차도 몸을 가누기가 어려웠기 때문에 부하들을 돌볼 수가 없었다.

그렇게 몇 시간이 지난 후, 오디세우스는 정신을 차리고 주위를 살펴보았다. 군사들은 한 명도 보이지 않았다. 모두 벼락을 맞아 죽거나, 바다에 빠져 죽은 것이었다. 오직 오디세우스만이 살아남았다.

그는 겨우겨우 밧줄을 모아서 배의 부서진 곳을 이었다. 배는 바람에 휩쓸려 이리저리 떠다녔다.

오디세우스는 이러다가 다시 카리브디스가 있는 곳으로 밀려가는 게 아닌가 겁이 났다. 배는 밤새 표류하다가 날이 밝자, 어느 새 카리브디스와 스킬라가 있는 곳에 이르렀다. 오디세우스는 두 손을 모으고 간절히 기도하였다.

"제발, 신이시여! 더 이상 스킬라를 보지 않게, 더 이상 소용돌이치는 바다로 빠지지 않게 해 주십시오!"

오디세우스가 기도를 하는 동안, 다행스럽게도 배는 소용돌이 속으로 말려들지도 않았고, 무시무시한 괴물 스킬라도 나타나지 않았다. 오디세우스는 아무것도 먹지 못하고, 지칠 대로 지쳐서 9일 동안이나 바다 위를 떠돌아다녔다.

마침내 열흘째 되던 날, 무작정 표류하던 오디세우스의 배는 어느 섬에 닿았다.

아름다운 여신 칼립소

배가 섬에 닿자마자 오디세우스는 겨우 모래사장으로 내려와 이내 쓰러져 버렸다. 얼마나 많은 시간이 흘렀는지 알 수 없었다. 그 동안 오디세우스의 배는 어디론가 떠내려가고, 오로지 오디세우스만이 동그마니 남았다.

이 섬은 오기기아라는 섬으로, 아름다운 여신 칼립소가 살고 있었다. 그녀는 아름다우며, 영원히 늙지 않는 여신이었다. 칼립소는 왕자처럼 어깨에는 두 겹으로 된 옷을 걸치고, 반짝이는 샌들을 신고, 손에는 창을 쥐고는 해안을 거닐고 있었다.

그러다 마침 모래사장에 쓰러져 있는 오디세우스를 발견하였다. 오디세우스는 거의 죽은 사람이나 다름없었다. 칼립소는 온갖 아름다운 것들로 꾸며진 자기의 동굴 집으로 오디세우스를 데리고 갔다. 그녀는 오디세우스에게 마법의 약을 먹였다. 조금 후, 오디세우스는 겨우 정신을 차렸다.

칼립소는 온갖 정성을 다하여 오디세우스를 돌보아 주었다. 그렇게

한 달쯤 지나자, 오디세우스는 예전의 건강을 되찾을 수 있었다. 그러나 오디세우스는 쉽게 그 섬을 떠날 수 없었다. 타고 갈 배도 없었으며, 자신의 생명을 구해 준 칼립소가 오디세우스가 떠나는 것을 바라지 않았기 때문이었다.

"오디세우스님! 이 곳은 곡식도 많이 자라고, 염소나 소들도 저렇게 훌륭한 목장에서 자라고 있으며, 온갖 나무들이 울창해서 샘물도 마르지 않는답니다. 여기서 저와 함께 살아요! 저는 당신에게 영원히 죽지 않는 생명도 줄 수 있답니다. 저와 이 아름다운 섬에서 함께 영원히 행복하게 살아요, 네?"

오디세우스는 그런 칼립소를 매정하게 뿌리칠 수 없어서, 자꾸만 시간을 지체하였다. 칼립소는 오디세우스에게 늘 좋은 음식과 편안한 잠자리를 마련해 주었기 때문에, 오디세우스는 아무 불편 없이 편안한 생활을 즐길 수 있었다. 그러나 오디세우스의 마음은 늘 고향에 가 있었다. 아무리 좋은 음식과 편안한 생활도 그를 잡아 놓을 수는 없었다.

오디세우스는 매일 아침 바닷가에 나가 수평선 너머로 떠오르는 태양을 바라보며, 고향에 있는 가족들을 마냥 그리워하였다. 칼립소는 그가 떠나고 싶어한다는 것을 알면서도, 그를 보내 주지 않았다.

어느덧 세월은 흘러, 오디세우스가 칼립소의 섬에 온 지도 7년이 되었다. 칼립소는 변함없이 오디세우스에게 잘해주었지만, 오디세우스는 여전히 고향으로 돌아가고 싶은 마음뿐이었다. 이렇게 되자, 올림포스 산 꼭대기에서 지상을 내려다보던 아테나 여신은 오디세우스가 한없이 가엾게 느껴졌다. 그래서 그를 돕기 위한 궁리를 하게 되었다.

어느 날, 신들의 회의가 열렸다. 그 때 아테나 여신은 신들의 아버지인 제우스에게 말하였다.

"제우스님! 호소할 일이 있습니다. 저 불행한 오디세우스는 누구보다도 정의롭고 용감한 사람입니다. 그리고 이타카 백성들은 아직도 그를 사랑합니다. 그는 오랜 전쟁을 겪었습니다. 그는 트로이 전쟁을 승리로 이끈 지휘관 중 한 사람이기도 합니다. 그는 트로이를 떠나 이타카를 향하였지만, 그 항해는 불운의 연속이었습니다. 그런데 이제 또 칼립소로 인하여 갈 길을 가지 못하고, 시간을 너무 많이 흘려보내고 있습니다. 그는 고향을 그리워하며 7년이라는 세월을 칼립소의 사랑의 노예가 되어 붙들려 있습니다. 그는 그 섬에서 도망치고 싶어도 배와 부하가 없고, 칼립소의 마력과 싸울 지혜도 부족합니다. 제우스님! 그리고 다른 신들이시여, 부디 오디세우스에게 자비를 베푸소서!"

제우스 신은 아테나 여신의 간곡한 부탁을 듣고 오디세우스를 도와야겠다고 생각하고, 신들의 전령인 헤르메스를 불러 말하였다.

"헤르메스, 칼립소에게 가서 나의 명령을 전하고 오너라. 오디세우스가 고향 땅을 밟을 수 있도록 하라고 하여라. 그러나 오디세우스는 앞으로도 많은 고난을 뚫고 홀로 이타카로 돌아가야 할 운명이니, 오디세우스가 섬을 떠날 때 배를 주어서는 안 된다고 일러라. 오디세우스는 자기 운명에 따라 고난을 이겨 나가야 하니까!"

헤르메스는 제우스 신의 명령에 따라 곧 지상으로 떠났다. 그는 칼립소의 동굴을 찾았다. 동굴 주변에는 아름다운 꽃들이 피어 있고, 온갖 새들이 맑고 고운 목소리로 지저귀고 있었다. 헤르메스는 잠시 주변의 경치에 취하여, 넋을 잃고 멍하니 서 있었다. 자연의 아름다움은 신들에게도 감명을 주었던 것이다. 헤르메스가 동굴로 들어가려고 할 때였다. 마침 밖으로 나오던 칼립소는 헤르메스를 금방 알아보았다.

마침 동굴 안에는 오디세우스가 없었다. 오디세우스는 언제나 그랬던 것처럼 바닷가에 나가 앉아 고향 하늘을 쳐다보고 있었다.

"신의 사자께서 무슨 일로 저를 찾아오셨나요?"

칼립소는 헤르메스에게 미소를 지으며 물었다.

"그대는 내가 찾아온 이유를 이미 알고 있지 않습니까? 하지만 정확히 말씀드리지요. 나는 제우스님의 명령을 전하러 왔습니다."

헤르메스는 약간 무뚝뚝한 목소리로 말을 이었다.

"이타카의 왕인 오디세우스는 너무 오래 이 곳에 머물렀습니다. 당신도 알고 있듯이 그는 매우 정의롭고 용기 있는 사람입니다. 그는 10여 년의 어려운 전쟁을 치르고, 귀국하는 길에 많은 고난을 당했지요. 그러다가 죽을 고비를 겨우 넘기고 이 곳에 왔는데, 그것도 벌써 7년이나 되었습니다. 제우스님께서는 이제 그만 그를 놓아주라고 하십니다. 이타카로 돌아갈 수 있게 말입니다. 그리고 제우스 님께서는 오디세우스에게 배를 마련해 주지 말라는 말씀도 하셨습니다. 그는 자기 스스로 운명을 극복해야 한다고 하셨습니다."

헤르메스의 말을 다 들은 칼립소는 몹시 슬픈 마음으로 헤르메스를 원망하였다.

"참으로 가혹하십니다. 저는 오디세우스를 만나 행복하게 지냈습니다. 그런 저를 질투라도 하시는가 보군요. 저는 그에게 성의를 다해서 친절을 베풀고 있습니다. 그가 원한다면 영원한 생명을 주려고까지 하였습니다. 그런데 당신이 가져온 소식은 저의 모든 희망을 깨뜨리고 말았어요."

칼립소는 오디세우스를 보내기 싫었지만, 누구라도 제우스 신의 명령을 어길 수 없다는 것을 알았다.

"할 수 없지요. 제가 아무리 오디세우스를 붙잡고 싶다 해도 제우스님의 뜻을 받아들여야 할 수밖에……. 오디세우스를 보내 주겠습니다."

헤르메스는 칼립소의 대답을 듣고는 곧 바로 돌아갔다. 칼립소는 헤르메스가 떠나자, 바닷가로 오디세우스를 찾으러 갔다.

"오디세우스님, 오늘은 많이 우울해 보이는군요. 당신이 그렇게 고향으로 가고 싶다면 보내 드리겠어요. 자, 이제 고향으로 돌아가 가족들을 만나세요."

오디세우스는 칼립소의 말을 꿈속에서 듣는 것 같았다. 갑작스런 그녀의 말을 믿을 수 없었다.

"지금 한 말이 사실입니까? 내가 꿈을 꾸고 있는 건 아니겠지요? 나를 정말 고향으로 보내 줄 건가요?"

칼립소는 슬픈 마음을 누르며 미소를 지어 보였다.

"그래요, 고향으로 돌아가세요. 저는 당신을 떠나보내는 것이 몹시도 슬픈데, 당신은 기쁜가 보군요."

"당신이 나에게 베푼 친절을 내가 어찌 모르겠습니까. 나도 당신에게 고마워하고 있어요. 하지만 언제까지나 이 곳에서 살 수 없지 않겠어요? 나에게는 나를 기다리는 가족들이 있습니다. 나 혼자 여기에서 편안하고 안락하게 산다면, 그들에게 영원히 가슴 아린 아픔을 주게 될 겁니다."

"알아요, 이제 당신을 보내 드려야 할 것 같군요. 당신 가고 싶은 대로 가세요. 그리고 내일 아침이 오면 당신은 뗏목을 만들도록 하세요. 뗏목이 완성되면 고향으로 떠나세요."

오디세우스는 칼립소의 갑작스러운 변화를 여전히 믿을 수 없었다. 그리고 항상 자신에게 매우 친절했던 칼립소가, 배를 마련해 주지 않는 것이 무척 섭섭하였다.

다음 날 아침, 오디세우스는 아침 일찍 일어나 뗏목을 만들 나무를 구하러 숲으로 들어갔다. 오디세우스는 혼자서 나무를 구하고, 뗏목을 만드는 데 사흘이 걸렸다. 험한 바다에서 거친 파도와 비바람에 견딜 수 있는 튼튼한 뗏목을 만들어야 했기 때문이었다.

드디어 5일째 되는 날, 모든 준비는 끝났다. 칼립소는 마지막으로 식량을 준비해 주었다. 가죽 주머니에 포도주를 가득 넣어 주면서 칼립소가 말하였다.

"항상 큰곰자리를 왼쪽에 두고 노를 저으세요. 그러면 파이아케스 인들이 사는 나라에 도착할 것입니다."

"고맙습니다. 언제까지나 당신을 잊을 수는 없을 겁니다. 당신에게 정말 고마워요."

오디세우스는 슬퍼하는 칼립소의 배웅을 받으며 바다로 나갔다. 바다는 오디세우스의 항해를 환영이라도 하듯, 너무나 고요하고 바람도 알맞게 불어 주었다. 칼립소는 오디세우스의 뗏목이 해안에서 멀어질 때까지 눈물을 닦으며 손을 흔들었고, 오디세우스도 칼립소가 보이지 않을 때까지 손을 흔들어 주었다.

포세이돈의 분노

오디세우스는 고향의 가족을 생각하니 가슴이 설레었다. 뗏목은 순풍을 타고 잔잔한 파도를 헤치며 고향으로 다가가고 있었다.

오디세우스는 칼립소가 가르쳐 준 대로, 큰곰자리를 따라 방향을 잡았다. 18일 동안 고독한 항해를 하던 오디세우스는, 드디어 파이아케스 인들의 나라를 발견하고 기뻐하였다. 그러나 바다의 신 포세이돈은 오디세우스를 괴롭히기 시작하였다. 포세이돈은 그 동안 아이티오프스 왕의 파티에 가 있었기 때문에, 오디세우스가 바다에 나온 것을 모르고 있었다. 포세이돈은 오디세우스가 어느 새 파이아케스 인의 나라에 다다른 것을 보고 화가 머리끝까지 났다.

'오디세우스를 무사히 그 곳에 도착하게 해서는 안 돼!'

오디세우스가 파이아케스 인의 나라로 가면, 모든 고난이 끝나는 것이었다. 포세이돈은 그 사실을 알고 있었기 때문에, 즉시 엄청난 태풍을 일으켰다. 바다는 순식간에 온통 어둠에 휩싸이고, 집채만한 파도는 오디세우스의 뗏목을 집어삼킬 듯이 달려들었다.

포세이돈이 일으킨 태풍은 바다 전체를 흔들어 대고 있었다. 육지를 보고 안심하고 있던 오디세우스는 다시 두려워졌다. 거대한 파도 때문에 뗏목은 마치 종잇장처럼 마구 흔들렸다. 뗏목은 금방이라도 바다 깊숙한 곳에 처박히고 말 것 같았다. 용감한 오디세우스도 이 순간은 가슴이 서늘하고 두려움에 사로잡혔다.

"키르케의 말이 맞는군……. 고향으로 가는 도중에 많은 고난을 겪는 다더니······. 나는 이대로 죽고 마는 것인가!"

오디세우스는 저절로 절망의 탄식을 토해 냈다. 집채만한 파도들은 마치 하늘에서 쏟아붓는 물살처럼 뗏목 위로 떨어졌다. 오디세우스는 안간힘을 다하여 뗏목에 매달렸지만, 이제는 더 이상 버틸 힘이 없었다. 그는 결국 소용돌이 속으로 빨려들어가고 말았다.

오디세우스는 한참 동안을 물결에 휩싸여 있다가, 겨우 수면 위로 올라와 뗏목을 찾아보았다. 뗏목은 벌써 저만치에서 파도에 출렁이고 있었다. 오디세우스는 필사적으로 헤엄을 쳤다.

"여기서 끝낼 수는 없어! 저걸 놓치면 나는 여기서 죽고 만다."

있는 힘을 다하여 가까스로 뗏목 위로 올랐지만, 거센 비바람과 파도는 여전히 오디세우스를 괴롭히고 있었다. 그런데 마침 이 광경을, 바다의 요정인 레우크테아가 보았다. 레우크테아는 오디세우스를 돕고 싶었다. 그래서 그는 갈매기로 변하여 오디세우스에게 날아갔다.

"포세이돈님의 분노를 샀군요. 오디세우스님! 불행한 일입니다. 당신을 도울 테니 내 말을 잘 들으세요. 이제 그 뗏목을 포기하시고 그냥 헤엄을 치세요. 자, 이 스카프를 받아 당신의 허리에 졸라매세요. 그러면 가라앉지 않을 거예요. 그리고 육지에 닿으면 그 스카프를 풀어 바다로 던지세요. 알았지요? 제 말을 들으셔야 합니다."

오디세우스는 갈매기로 변한 레우크테아의 말을 그대로 믿을 수가 없었다. 그래서 스카프를 받았지만, 뗏목을 버릴 수는 없었다. 그 때 다시 거대한 파도가 밀려왔다. 그대로 있다가는 또다시 소용돌이에 휘말릴 것 같았다. 오디세우스는 일단 레우크테아의 말대로 해 보기로 하였다.

오디세우스는 스카프를 허리에 매었다. 그리고는 곧장 바다로 뛰어들었다. 오디세우스가 뗏목을 놓자마자, 무섭게 몰아치는 파도에 뗏목은 산산조각이 났다. 그 모습을 본 오디세우스는 반사적으로 육지를 향하여 헤엄치기 시작하였다. 거대한 파도가 밀려와 오디세우스를 덮쳤다. 그러나 정말 그 스카프의 힘으로, 바다 밑으로 가라앉지는 않았다. 조금씩 육지가 가까워지고 있었다.

파도에 밀려 몇 번씩이나 육지에서 멀어지던 오디세우스는, 겨우 해안에 다다를 수 있었다. 육지 위로 올라온 오디세우스는 한참을 모래밭에 누워 있었다. 온몸의 기운이 다 빠져 나가 손가락 하나 움직일 수 없었다.

"점점 추워지는군. 이대로 누워 있다가는 얼어죽고 말겠다!"

오디세우스는 힘겹게 몸을 일으켰다. 그는 먼저 허리에 매고 있던 스카프를 풀어 바다로 힘껏 던졌다. 그리고는 해안을 벗어나 숲으로 걸어 들어갔다. 오디세우스는 부드러운 흙을 보자, 너무도 반가워서 땅에 엎드려 입맞춤을 하였다. 머리를 들어 주변을 살펴보니, 가까운 곳에 야생 올리브 나무들이 자라고 있었다. 나무들은 서로 가지가 얽힌 채 무성하게 자라고 있었다.

"여기라면 바람을 피할 수 있겠다……."

오디세우스는 주변에 있는 낙엽들을 긁어모아, 푹신하게 자리를 만들어 놓고 그 위에 누웠다. 그리고는 다시 낙엽으로 몸을 덮었다. 잠자리는 포근하고 따스하여, 오디세우스는 곧 깊은 잠에 빠져들었다.

파이아케스 족은 한때는 넓은 땅에서 살았다. 그런데 외눈박이 거인의 키클로페스 족에게 쫓겨 이 곳에 와서 나라를 세웠다. 이들은 선량하고 정의로운 사람들이었다. 알키노스는 바로 이 파이아케스 족의 왕이었다.

알키노스 왕에게는 키가 크고 아름다운 딸이 하나 있었다. 딸의 이름은 나우시카라고 하는데, 두 명의 시녀가 항상 나우시카 공주의 시중을 들고 있었다. 아테나 여신은 나우시카 공주를 통해 오디세우스를 도와주기 위하여 공주를 찾아갔다.

오디세우스가 올리브 나무 숲에서 단잠에 빠져 있을 때, 아테나 여신은 알키노스 왕의 궁전으로 갔다. 마침 나우시카 공주는 잠을 자고 있었는데, 아테나는 나우시카 공주의 달콤한 꿈속으로 들어갔다.

"나우시카님! 당신은 정말 아름다운 공주님입니다. 이제 곧 결혼도 하셔야 하고요. 그러면 당신의 행복만을 바라는 부모님께서 무척 기뻐하실 겁니다. 그런데 당신은 너무 태평한 것 아닙니까? 결혼할 나이가 되신 분이라면 언제나 청결해야지요. 내일은 빨래터로 가서 당신의 옷을 깨끗이 빨도록 하세요. 빨래터는 이 곳에서 머니까, 아버님께 말씀드려 마차를 타고 가세요."

아테나는 이렇게 말하고는 올림포스 산으로 돌아갔다.

아침이 되자 잠에서 깨어난 나우시카 공주는, 꿈에서 들은 이야기가 생각났다. 생각할수록 그 꿈이 신비하게만 여겨져서, 혹시 신의 계시가 아닐까 하는 생각이 들었다. 나우시카 공주는 아버지 알키노스 왕에게 문안 인사를 드리고는, 마차를 내 달라고 부탁하였다. 나우시카 공주는 빨랫감을 챙겨 마차에 실었다. 어머니는 바구니에 맛있는 음식과 포도주를 넣어 마차에 실어 주었다.

알키노스 왕

마차의 앞자리에 나우시카 공주가 타고, 시녀들은 뒷자리에 탔다. 빨래터에 도착해 보니, 깨끗한 물이 흐르고 있었다. 모처럼 밖으로 나온 공주와 시녀들은 기분이 좋아졌다. 그들은 맑은 공기를 마시며 열심히 빨래를 하였다. 빨래가 끝나자, 준비해 온 음식으로 식사를 하였다.

공주는 시녀들과 어울려 공놀이를 하였다. 밝은 표정으로 뛰어 노는

나우시카 공주는 정말 아름다웠다. 그런데 나우시카 공주가 던진 공이 강에 빠지고 말았다. 공주와 시녀들은 강가로 달려갔다. 그러나 공은 점점 더 강 한가운데로 밀려가고 있었다. 나우시카는 발을 동동 구르며 안타까워하였다. 그 때 한 사나이가 강물로 뛰어들었다. 바로 오디세우스였다. 여자들이 재잘거리는 소리에 잠이 깬 오디세우스는, 소리가 나는 쪽으로 갔다가 공이 강물에 빠진 것을 보고는 바로 뛰어들었던 것이다. 오디세우스는 공을 건져 나우시카 공주에게 다가갔다. 시녀들은 오디세우스를 보고는 놀라서 저만큼 달아났다. 오디세우스의 모습이 엉망이었기 때문이었다. 옷은 갈기갈기 찢어지고, 머리도 아무렇게나 헝클어져 있었고, 눈도 퀭하니 들어가 있어서 시녀들이 도망갈 만도 하였다.

그렇지만 나우시카 공주는 도망가지 않았다. 그녀는 어쩐지 앞에 있는 사나이가 지난밤의 꿈과 관련이 있을 거라고 느껴졌다. 나우시카가

이런 생각을 하고 있을 때, 오디세우스가 말을 걸어왔다. 오디세우스는 상대가 겁을 먹지 않도록, 멀찌감치 떨어져서 말하였다.

"아름다운 분이시여, 그대는 인간입니까, 아니면 여신입니까? 당신이 누구이시든 저에게 자비를 베풀어 주십시오. 보다시피 저는 배와 동료들을 잃고 표류하다가 여기까지 왔습니다. 나쁜 사람은 절대 아닙니다. 부디 저에게 친절을 베푸시어, 제가 건강과 마음의 안정을 찾을 수 있도록 도와주십시오."

"낯선 분이기는 하지만, 나쁜 분 같지는 않군요. 우리나라에는 나쁜 사람들은 없답니다. 이 곳은 파이아케스 인이 사는 나라입니다. 마음이 넓고 따뜻한 알키노스라는 분이 이 나라의 왕이십니다. 그리고 저는 그 분의 딸입니다. 저는 도움을 바라는 나그네에게 친절해야 한다는 것을 알고 있습니다."

나우시카 공주는 이렇게 말하고 시녀들을 불러 먹을 것과 입을 것을 준비시켰다. 그 동안에 오디세우스는 강가로 가서 목욕을 하였다. 몸을 깨끗이 닦고, 머리도 감았다. 그리고 나서 시녀들이 준비하여 준 옷으로 갈아입었다. 그러자 오디세우스는 늠름하고 의젓한 모습을 되찾았다.

해가 질 무렵, 나우시카 공주는 오디세우스를 마차에 태우고 마을로 향하였다. 잠시 후, 마을이 가까워졌을 때 나우시카 공주는 마차를 세웠다.

"당신이 우리와 함께 마차를 타고 가는 것을 사람들이 보면, 엉뚱한 소문이 날 수도 있습니다. 그러니 일단 여기서 내리도록 하세요. 우리가 먼저 왕궁으로 들어갈 테니, 당신은 우리가 떠난 후에 마을로 들어오세요. 그리고 길에서 처음 만나는 사람에게 알키노스 왕궁이 어디 있는지를 물어보세요. 친절하게 가르쳐 줄 거예요."

나우시카 공주는 이렇게 말하고는 마차를 타고 먼저 왕궁으로 갔다. 오디세우스는 조금 걱정이 되었다. 나우시카 공주는 다정하게 말하기는 했지만, 그의 아버지인 알키노스 왕이 친절하게 대해 줄지는 모르는 일이기 때문이었다. 오디세우스는 아테나 여신에게 기도를 올렸다.

"언제나 저를 도와주시는 아테나 신이시여! 저는 지금 몹시 지쳐 있습니다. 만약 이 곳에서 푸대접을 받는다면, 저는 더 이상 희망을 가질 수 없습니다. 부디 저를 도와주십시오."

기도를 마친 오디세우스는 마차가 사라진 쪽으로 발걸음을 재촉하였다. 얼마 후에 파이아케스 인이 사는 마을이 보였다. 오디세우스는 마을 안으로 들어섰다. 그런데 갑자기 안개가 자욱해졌다. 그 안개는 아테나 여신이 오디세우스가 혹시라도 나쁜 사람을 만나서 시간을 끌지 않도록 하기 위하여 일부러 만들어 놓은 것이었다. 마을로 들어간 오디세우스는 거리에서 한 여인을 만났다.

"실례합니다. 저에게 알키노스 왕이 사는 곳을 알려주시겠습니까?"

정중하게 부탁하는 오디세우스의 말을 들은 그 여인은 상냥하게 말하였다.

"저를 따라오시지요. 제가 그 곳까지 안내해 드리겠습니다."

오디세우스는 여인을 따라 성 안으로 들어갔다. 얼마 후, 그 여인은 오디세우스를 왕궁 앞까지 바래다주고는 조용히 사라졌다. 그 여인은 바로, 오디세우스를 도와주기 위해 변장하고 나타난 아테나 여신이었다.

왕궁은 웅장하면서도 아름답고 화려하였다. 그 왕궁은 입구에서부터 안의 모든 벽이 청동으로 장식되어 있었다. 문은 순금으로 되어 있었으며, 은으로 만든 기둥이 청동의 문지방 위에 세워져 있었다. 그리고 현관 한쪽에는 금과 은으로 만든 개들이, 호위하듯이 죽 늘어서 있었다. 왕궁 안에는 안개가 자욱하였다. 거실 저쪽으로 알키노스 왕과 그의 아내 아레테가 서 있었고, 그 옆에는 신분이 높은 귀족들이 죽 늘어서 있었다.

오디세우스는 넋을 잃고 바라보다가, 천천히 안으로 들어갔다. 오디세우스가 거실에 들어설 때까지도 자욱하던 안개는, 오디세우스가 그들 곁으로 가까이 가자 갑자기 사라졌다. 사람들은 그 때서야 오디세우스를 발견하였다. 오디세우스는 왕비의 손등에 키스를 하는 예의를 갖추고 나서 입을 열었다.

"아레테 왕비님! 저는 온갖 험난한 고난을 무릅쓰고, 여기 모이신 어른들 앞에까지 왔습니다. 왕비님과 여기 이 나라의 주인이신 알키노스 왕을 뵙고자 말입니다. 여기 계신 분들과 이 나라 백성 모두에게 신의 은총이 있기를 진심으로 바랍니다. 또한 부디, 여기 계신 분들이 제게 덕을 베풀어 주시기를 바랍니다. 그래서 제가 무사히 고향으로 돌아갈 수 있도록 도와주시기 바랍니다. 오랫동안 가족들과 떨어져 외로움과 어려움만 겪고 살았습니다."

오디세우스는 이 말을 마치고, 자신도 모르게 거실 바닥에 그만 주저앉아 버렸다. 사람들은 모두 갑자기 나타난 오디세우스의 얼굴만 바라볼 뿐 아무 말도 하지 않았다. 오디세우스는 거실 바닥에 앉아서 누군가가 말을 걸어오기만을 기다렸다. 한참 후에야, 현명하고 지혜로워 보이는 가장 나이가 든 귀족이 입을 열었다.

"알키노스 왕이시여! 손님을 이렇듯 차가운 마룻바닥에 앉혀 두는 건 전하께 명예스럽지 못한 일입니다. 손님이나 우리 모두는 전하의 분부를 기다리고 있습니다. 저 손님을 일어나게 하시어 의자에 앉히고, 저녁 식사를 대접하는 게 좋을 듯합니다."

알키노스 왕은 이 말을 듣고 오디세우스의 손을 잡아 일으켰다. 그리고는 바로 옆에 은을 입힌 의자에 오디세우스를 앉게 하였다. 잠시 후, 알키노스 왕은 시녀를 시켜 은 대야에 물을 떠 오게 하였다. 오디세우스가 손을 씻고 나자, 푸짐하고 훌륭한 요리가 나왔다. 알키노스 왕은 오디세우스에게 식사를 대접하였다. 오디세우스는 귀족들과 함께 밤늦게까지 먹고 마셨다.

그 때 알키노스 왕이 자리에서 일어나며 말하였다.

"여러분, 이제 그만 오늘의 잔치는 끝내도록 합시다. 그리고 내일 다시 모여 주시기 바랍니다. 그 때 우리는 저 손님을 즐겁게 해 드리고 신들에게 훌륭한 제물을 올릴 것이오. 그리고 저 손님께서 무사히 여행을 하여, 한시바삐 귀향할 수 있는 방법을 의논합시다. 우리를 찾아온 손님에게 성의를 다하여, 도와드리는 것이 우리의 전통입니다. 이 손님의 사정을 자세히 듣고, 함께 이야기를 나누어 보도록 합시다."

이 말을 들은 오디세우스가 말하였다.

"저에게 이토록 따뜻하게 대해 주시니 정말 감사합니다. 제가 먼저 저에 관한 모든 것을 말씀드렸어야 하는데 늦었습니다. 너무 배가 고파서 음식 먹기에만 급급하였음을 용서해 주십시오. 자세한 이야기는 내일 해 드리겠습니다. 저는 오랫동안 많은 고난을 겪었습니다. 여러분이 저를 도와 고향으로 돌아가게 해 주신다면, 결코 이 은혜는 잊지 않겠습니다."

오디세우스가 예의 바르게 이야기를 하자, 사람들은 흡족한 얼굴로 고개를 끄덕였다. 그리고는 모두들 각자의 집으로 돌아갔다. 방 안에는 알키노스 왕과 아레테 왕비, 그리고 오디세우스만 남았다. 시녀들도 부지런히 저녁상을 치우고 물러간 뒤였다.

거실이 조용해지자 아레테 왕비는, 오디세우스가 입은 옷이 낯설지 않다는 것을 깨달았다. 왕비 자신이 시녀들과 함께 만든 옷을 오디세우스가 입고 있었기 때문이었다. 그 이유가 너무나도 궁금해진 아레테 왕비는 오디세우스에게 물었다.

"손님, 나로서는 처음으로 묻고 싶은 말이 있습니다. 손님은 도대체 누구이며, 어디서 오셨습니까? 그리고 그 옷을 누가 손님한테 드렸는지 궁금합니다."

오디세우스가 묵묵히 알키노스 왕과 아레테 왕비를 바라보다가 조용히 입을 열었다.

"제가 누구이고 어디서 왔는가를 다 말하려면 너무 힘들 것 같군요. 하지만 저에게 이토록 친절을 베풀어 주시니, 제가 입을 다물고 있는 것이 예의가 아닌 것 같습니다. 차근차근 제가 겪은 일들에 대하여 말씀드리겠습니다."

오디세우스는 이렇게 이야기를 시작하였다. 그렇지만, 트로이 전쟁이나 자신의 신분에 대해서는 자세히 말하지 않았다. 다만 칼립소의 섬에 도착하던 때부터 시작하여, 그 후에 겪은 이야기를 그대로 들려주었다. 그리고 해변에 닿아 나우시카 공주를 만나게 된 이야기까지 모두 말하였다.

"공주님은 마치 여신처럼 아름다웠습니다. 저는 그 분에게 저의 처지를 말씀드리며 도움을 청하였습니다. 친절한 공주님은 저에게 음식을 대접해 주시고, 이렇게 좋은 옷도 주셨습니다. 여기까지가 제가 겪은 일입니다."

오디세우스의 말이 끝나자 알키노스 왕이 입을 열었다.

"당신의 말이 진실이라면, 내 딸은 충분히 예의를 다하지 못했군요. 당신이 도움을 청하였다면, 마땅히 직접 모시고 이 곳으로 왔어야 할 텐데……."

알키노스 왕의 이 말에 오디세우스가 공손하게 말하였다.

"아닙니다. 공주님을 야단치지 마십시오. 공주님은 정말 친절하신 분이십니다. 낯선 저를 성의를 다하여 대해 주셨습니다. 공주님께서는 저를 이 곳으로 안내하려고 하셨지만, 저는 따라올 수 없었습니다. 제 몰골이 말이 아니었기 때문에, 그 모습으로 왕과 왕비님께 나타나면 두 분께서 저를 어떻게 생각하실지 몰랐습니다."

"공주와 함께 오셨더라도 저희는 이상하게 생각하지 않았을 겁니다. 내가 보기에 당신은 매우 지혜로운 사람인 것 같습니다. 당신은 아마도 신의 뜻으로 우리에게 오신 것 같습니다. 당신께서 이 곳에 머물기를 원한다면, 집과 재산을 드리겠습니다. 당신이 나의 사위가 되어 준다면……. 하지만 물론 당신이 거절하신다 해도 할 수 없는 일입니다. 그리고 당신이 떠나기를 원한다면 아무도 잡지 않을 것입니다. 우리는 내일이라도 당신이 무사히 떠날 수 있도록 준비를 해 드리겠습니다. 좋은 배와 날렵하고 힘센 뱃사공들을 내드리겠습니다. 여기 뱃사공들은 그 어느 나라 사람들보다도, 배를 다루는 데 뛰어난 실력을 가지고 있답니다. 당신은 그저 배에 누워서 한가롭게 잠을 자다가 눈을 뜨면, 꿈에도 그리던 고향을 볼 수 있을 겁니다."

"정말 그렇게만 된다면 얼마나 좋을까요? 인자하신 임금님의 깊은 마음에 감사를 드립니다."

알키노스 왕의 말을 들은 오디세우스는 두 손을 이마에 대고 속삭이며 기도하였다.

"제우스 신이시여! 이 분의 말씀처럼 이루어지게 하소서. 그리고 이 분과 이 나라 백성들 모두에게 영원히 사라지지 않는 영광을 주옵소서!"

오디세우스는 푹신하고 따뜻한 침대에 누워 부드러운 이불을 덮고 나니 스르르 잠이 들었다. 오랜만에 맛보는 평온한 잠이었다.

다음 날 아침, 집회장에는 이미 많은 사람들이 모여 있었다. 알키노스 왕은 오디세우스를 데리고 집회장으로 갔다. 사람들은 알키노스 왕 옆에 서 있는 오디세우스에게 흥미를 갖고 있었다. 알키노스 왕은 큰 소리로 이야기를 시작하였다.

"여러분, 내 말을 잘 들어주시오. 여기 계신 이 손님은 오랜 표류 끝에 내 집으로 오게 된 분이오. 이 분은 한시바삐 고향으로 돌아가고 싶어하오. 우리는 전과 같이 이 손님을 빨리 보내 드리는 것이 옳을 것 같소. 지금까지 우리에게 부탁을 해 온 사람 중에, 보내 주지 않아 이 곳에 오래 머물면서 한탄한 사람은 없었으니까요."

알키노스 왕은 이렇게 말하고 나서, 젊고 힘센 남자들을 52명 뽑아 바닷가로 보냈다. 젊은이들은 바닷가로 나가자마자, 크고 튼튼한 배를 만들기 시작하였다. 여러 사람이 함께 일을 했기 때문에, 금세 배가 만들어졌다. 젊은이들은 배를 해안 근처에 묶어 두고, 언제라도 항해할 수 있도록 준비해 놓았다.

알키노스 왕은 궁전에서 잔치를 열었다. 우선 제사를 올리기 위하여 열두 마리 돼지, 그리고 황소 두 마리를 잡았다. 제사가 끝나자 그것들로 맛있는 요리를 만들었다. 잔치에 모인 사람들은 모두 배불리 먹고 마시며, 오디세우스를 환영해 주었다.

잔치 분위기가 한참 무르익자, 시인이 하프를 켜며 노래를 불렀다. 그 시인은 맹인이었지만, 노래와 연주 솜씨는 정말 훌륭했다. 시인은 여러 사람들에게 알려진 유명한 전투에 대한 노래를 하기 시작하였다. 그 전투는 바로 트로이 전쟁이었다. 노래 속에는 아킬레우스와 오디세우스도 등장하였다. 이들의 이름은 이미 사람들에게 널리 알려져 있었던 것이다.

오디세우스는 머리에 쓰고 있던 자줏빛 천을 내려 얼굴에 덮어썼다. 노래를 듣고 있자니 자꾸만 눈물이 흘러내리는 것이었다. 주위의 누구도 오디세우스가 눈물을 흘리는 것을 알지 못했다. 그러나 알키노스 왕만은 그것을 보았다.

"자, 노래는 이제 그만 부르도록 하거라."

알키노스 왕은, 이유는 모르지만 오디세우스가 눈물을 흘리며 슬퍼하고 있었으므로 노래를 중단시킨 것이었다.

"여러분, 우리는 충분히 즐거운 시간을 보냈소. 그럼, 다음에는 재미있는 경기를 시작해서 우리 파이아케스 사람들이 얼마나 용맹스러운지를 이 손님에게 보여 드리도록 하거라. 이 분에게도 즐거운 추억이 될 것이다."

알키노스 왕이 이렇게 말하자, 사람들은 모두 밖으로 나갔다. 젊은이들은 각기 자신 있는 종목의 경기에 출전하였다. 경기는 달리기와 씨름, 레슬링, 권투 등으로 이어졌다. 달리기에서 우승한 클리토네우스는, 다

른 선수들과 함께 뿌얀 먼지를 일으킬 정도로 힘차게 달렸다. 그리하여 가장 먼저 결승점에 도착해 우승자가 되었다. 권투 경기에서는 알키노스 왕의 아들인 라오다마스가 승리하였다. 경기가 끝나자 라오다마스 왕자가 사람들에게 큰 소리로 말하였다.

"자, 여러분! 우리는 지금까지 손님에게 늠름한 모습을 보여 주었습니다. 이제 우리도 손님의 특기를 보도록 합시다."

라오다마스 왕자는 오디세우스에게 나아가 정중하게 말하였다.

"손님, 혹시 무슨 자신 있는 재주를 가지셨다면 한번 나오셔서 경기를 해 보세요. 그리고 근심 걱정 같은 건 다 떨쳐 버리십시오. 이젠 고향으로 돌아갈 준비도 끝나지 않았습니까?"

오디세우스는 웃으며 대답하였다.

"라오다마스, 당신의 제안은 나를 부담스럽게 합니다. 나는 너무 긴 시간 동안 여행을 했기에 아직까지 피곤합니다. 그리고 나는 지금 경기보다는 고향으로 돌아가고 싶은 마음뿐입니다."

그러자 씨름 경기의 우승자인 에우리아로스가 못마땅하다는 듯, 비아냥거리는 말투로 오디세우스에게 말하였다.

"손님, 당신은 아무래도 경기에 자신이 없는 모양입니다. 하기야 세상에는 여러 종류의 사람이 있지요. 당신은 노가 숱하게 달린 배를 몰고 여기저기 왕래하는 장사꾼처럼, 재물이나 가득 실어서 고국으로 운송할 생각만 하시는 것 같군요. 일확천금이나 꿈꾸시지요."

비아냥거리는 에우리아로스의 말에 모욕감을 느낀 오디세우스는, 그를 매섭게 바라보며 말하였다.

"젊은 분이 예의가 부족하군요. 신께서는 사람들에게 좋은 점만 주시지는 않나 봅니다. 당신은 용모도 뛰어나고 훌륭한 기량을 갖고 있는 사람 같지만 분별력이 있어 보이지는 않습니다. 나는 당신이 말하는 것처럼, 돈벌이나 생각하는 장사꾼이 아닙니다. 당신에게 그런 말을 들은 이상, 원하는 바는 아니지만 명예를 회복하기 위해서 경기에 참여하겠소."

오디세우스는 이렇게 말한 뒤, 경기장으로 성큼성큼 걸어 나갔다. 오디세우스는 그 누구도 들지 못했던, 가장 크고 무거운 원반을 집어들고 잠시 자세를 가다듬었다. 그리고는 공중을 향하여 원반을 힘차게 던졌다.

'위잉.'

원반은 소리를 내면서 저 멀리로 날아갔다. 그 거리는 원반 경기에서 우승한 에우리아로스보다도 훨씬 먼 거리였다.

사람들은 크게 감탄하면서 환성을 질렀다.

오디세우스는 군중을 향하여 천천히 돌아섰다.

"자, 여러분! 누구든 나와서 원반을 던져 보십시오. 나와 겨루어 이길 수 있다고 자신하는 사람이면 누구든지 어서 나오십시오. 원반던지기뿐만 아니라 어떤 경기라도 상관없습니다. 나는 사나이로서 내 명예를 지키는 일이라면, 누구와 어떤 경기라도 할 것입니다. 나는 지금까지 여러 경기에서 우승해 왔습니다. 지금은 기운이 많이 없어졌지만, 자신은 있습니다. 자, 누구라도 나와 보십시오!"

오디세우스의 목소리는 힘차고 높았으며, 흥분으로 가볍게 떨리기까지 하였다. 그만큼 화가 많이 나 있었던 것이다. 그러나 아무도 오디세우스의 말에 대꾸를 하거나, 경기를 하겠다고 나서지 않았다. 그 때 알키노스 왕이 말하였다.

"손님, 당신이 화를 내시는 건 당연합니다. 이제 그 솜씨를 보이고 당신의 명예를 지켰으니 그만 화를 푸시오. 이제는 다시 노래를 들으며 흥겨운 시간을 갖도록 합시다."

알키노스 왕은 다시 시인을 불러 노래를 하라고 일렀다. 시인은 두 젊은이와 함께 나왔다. 먼저 두 젊은이들이 흥겹게 춤을 추었다. 그 춤을 보던 오디세우스는 감동을 받았다. 춤이 끝나고 시인의 노래가 시작되었다. 그 노래는 전쟁의 신 아레스와 미의 여신인 아프로디테의 사랑 이야기였다.

이야기는 재미있었고, 시인의 노래 솜씨 또한 훌륭하였다. 그래서 오디세우스는 기분이 차차 나아졌다. 오디세우스는 환한 표정으로 알키노스 왕에게 말하였다.

"알키노스 왕이시여! 정말 훌륭하고 아름다운 춤과 노래였습니다. 저를 위하여 이렇게 즐거운 시간을 마련해 주시니, 어떻게 감사를 드려야 할지 모르겠습니다."

오디세우스가 감격스러운 표정으로 말하자, 알키노스 왕도 기분이 좋아졌다.

"여러분, 모두 내 말을 들으시오. 이 손님은 보다시피 너그럽고 진실하신 분입니다. 아까 이 손님께 무례한 말을 한 것에 대하여 사과를 하고 화해를 합시다. 그리고 그 증표로 각자 모두들 집으로 돌아가, 손님에게 드릴 선물을 성의껏 가져옵시다."

사람들은 모두 알키노스 왕의 말에 따랐다. 그들은 오디세우스에게 줄 선물을 마련하기 위하여 각자 집으로 돌아갔다. 아까 오디세우스에게 무례하게 굴었던 에우리아로스도 알키노스 왕에게 자신의 태도에 대해 사과하였다.

"알키노스 왕이시여! 저는 당신의 명에 따라 이 손님과 화해를 하겠습니다. 그리고 사과의 표시로 이 검을 손님께 드리겠습니다."

에우리아로스가 들고 있는 검은 손잡이가 은으로 된 청동 검이었다. 게다가 칼집은 상아로 되어 있는 훌륭한 검이었다. 에우리아로스는 검을 오디세우스에게 내밀며 말하였다.

"먼 곳에서 오신 손님께 다시 인사드립니다. 저의 무례함을 용서해 주십시오. 그리고 부디, 당신이 고향으로 무사히 돌아가시기를 바랍니다. 오랫동안 많은 고생을 겪으셨다니, 이제는 가족 곁으로 돌아가셔야 합니다. 그리고 행복을 얻으시길 진심으로 기원합니다."

오디세우스도 웃으면서 대답하였다.

"감사합니다. 당신도 오래오래 평안하시기를 바랍니다. 그리고 나중에라도 이 검이, 우리의 우정을 말해 주는 아름다운 증표가 되기를 바랍니다. 우리는 이제 화해를 했습니다."

해는 이미 저물기 시작하였다. 오디세우스 앞에는 갖가지 선물이 쌓였다. 알키노스 왕은 송별회를 열기 위해 사람들을 데리고 궁전으로 향하였다.

오디세우스는 거실로 들어가다가, 기둥 뒤에 숨어 있는 나우시카 공주를 발견하였다. 공주는 수줍은 듯 얼굴을 붉히면서 말하였다.

"손님, 당신은 이 나라에서 저를 제일 먼저 만났습니다. 고향에 가시더라도 부디 저를 잊지 마십시오."

"나우시카 공주님! 제가 어찌 당신을 잊겠습니까? 당신은 이 나라에서 나에게 가장 먼저, 친절을 베풀어 주신 따뜻한 분입니다. 제가 무사히 집으로 돌아간다면 그것은 오직 당신의 덕분입니다."

오디세우스는 정중하게 말하였다. 그리고 나서 알키노스 왕의 옆자리에 앉았다. 식탁에는 맛있는 술과 고기가 준비되어 있었다. 잠시 후에 시인도 들어왔다.

"시인이시여, 아까 들은 당신의 노래는 이 세상 누구의 노래보다 뛰어났습니다. 제우스 신께서는 당신에게 아주 훌륭한 재주를 주셨습니다. 나는 당신의 노래를 한 번 더 듣고 싶습니다."

오디세우스가 감동에 젖은 목소리로 말하자, 다른 사람들도 함께 노래를 청하였다. 시인은 사람들이 모여 있는 한가운데로 걸어나갔다. 그는 천천히 하프를 연주하면서 노래를 부르기 시작하였다. 시인은 사람들이 다 알고 좋아하는 트로이 전쟁을 노래하였다. 그것도 오디세우스가 가장 마지막에 참여했던 목마 전투를 노래한 것이었다.

그리스의 아카이아 군사들이 목마에 숨어 트로이 성으로 들어가서, 적군을 상대로 용감무쌍하게 싸워 나가는 전쟁 이야기를 노래로 엮은 것이었다. 싸우다가 죽어간 군사들의 슬픈 사연과, 고향에 대한 그리움이 애잔한 목소리로 흘러나왔다. 그 노래 속에는 오디세우스의 이름도 들어 있었다.

오디세우스는 시인의 노래를 듣고 있자니 가슴이 뭉클해졌다. 전쟁터에서 싸우다가 죽은 군사들, 함께 배를 타고 오다가 목숨을 잃은 부하들이 자꾸 생각났다. 오디세우스는 조용히 눈을 감았다. 눈물이 흘러내렸다. 오디세우스는 눈물을 감추기 위해 고개를 들어 먼 곳을 바라보기도 하였다.

이번에도 주변의 그 누구도, 오디세우스가 눈물을 흘리는 것을 보지 못하였다. 알키노스 왕은 오디세우스의 얼굴에 서린 그늘과 눈물을 보고는, 노래를 그만하라고 명하였다.

"그만! 이제 노래를 멈추도록 하거라. 그대의 노래가 우리 손님의 마음을 무척 슬프게 하는 것 같구나!"

알키노스 왕은 오디세우스를 바라보며 말하였다.

"손님, 무슨 이유로 그렇게 슬퍼하십니까? 혹시 그 전쟁에서 가족이나 친척을 잃기라도 하셨나요? 오늘은 이야기를 꼭 듣고 싶군요. 도대체 당신은 어디서 온 누구입니까? 우리는 이미, 당신이 고향으로 돌아갈 수 있도록 모든 준비를 마쳤어요. 그러니 경계하지 마시고, 무슨 사연이 있는지 말씀해 주시면 고맙겠습니다."

알키노스 왕이 이렇게 청하자, 오디세우스는 주변의 사람들을 죽 둘러보며 말하였다.

"알키노스 왕이시여! 당신은 저에게 정말 친절하십니다. 제가 더 이상 무엇을 감추거나 경계한다면 그건 예의가 아닐 겁니다. 시인의 노래를 들으며 제가 눈물을 흘리는 것을 보고 궁금해하시는 것은 당연하지요. 이제 저의 모든 것을 말하겠습니다. 저는 트로이 전쟁에 참여하였다가 돌아가는 길입니다. 저의 이름은 오디세우스이고, 이타카의 왕입니다."

오디세우스는 자신의 정체를 밝히면서, 자신이 겪은 재난을 이야기하였다. 연밥을 먹는 나라 이야기, 외눈박이 거인 나라 이야기, 바다에서 수없이 거친 풍랑과 싸웠던 이야기, 여러 요정들과의 만남……, 이렇게 오디세우스의 이야기는 오래도록 계속되었다. 사람들은 모두 숨을 죽이고 오디세우스의 이야기에 귀를 기울였다.

오디세우스의 이야기는 깊은 밤이 되어서야 끝이 났다. 이야기가 끝나고 나서도, 한동안 아무도 입을 열지 못했다. 사람들은 오디세우스가 겪은 모험과 고통에 깊이 감동하였다.

마침내 알키노스 왕이 입을 열었다.

"당신이 바로 오디세우스였군요. 나는 당신이 위엄 있는 인물이라는 걸 짐작하였지만, 당신이 바로 오디세우스라니……. 당신의 이야기는 나를 정말 가슴 아프게 하는군요. 당신의 그 많은 슬픈 사연을 이제야 알겠습니다."

알키노스 왕은 사람들에게도 말하였다.

"오늘 정말 귀한 손님을 맞이하였습니다. 이제는 시간이 늦었으니 그만 헤어지고, 내일은 우리의 귀한 손님을 고향으로 돌아가시도록 도와드립시다."

사람들이 모두 돌아가고, 오디세우스도 잠자리에 들었다. 오디세우스는 고향으로 돌아가는 꿈을 꾸며 오랜만에 단잠을 잤다.

다음 날, 오디세우스는 알키노스 왕과 함께 해안으로 나갔다. 이미 거기에는 오디세우스가 타고 갈 배가 준비되어 있었다. 오디세우스와 동행할 사공들은 이미 배 위에 올라 있었다.

"저기 저 사공들은 모두 뛰어난 뱃사공들입니다. 당신은 고향으로 돌아가 만날 가족들을 생각하면서 편히 쉬시면 됩니다. 그러면 저 사공들이 당신을 고향으로 데려다 줄 것입니다."

알키노스 왕이 오디세우스를 배웅하면서 이렇게 말하였다.

"알키노스 왕이시여! 그 동안의 친절만으로도 충분한데, 이처럼 많은 선물까지 주시니 뭐라고 감사의 말씀을 드려야 할지 모르겠습니다. 당신에게 영원한 행복이 있기를 진심으로 바랍니다."

오디세우스는 작별인사를 하고 배에 올랐다. 해안에 있던 모든 사람들이 손을 흔들어 주었다. 오디세우스도 손을 흔들었다.

배는 순풍을 타고 바다로 나아갔다. 솜씨 좋은 뱃사공들이 배를 몰고 있었으므로, 오디세우스는 할 일이 없었다. 오디세우스는 바다를 바라보면서, 그 동안의 일을 돌이켜 생각해 보았다. 그리고 고향의 가족들 모습도 그려보았다. 그러다가 자신도 모르게 스르르 잠이 들었다.

꿈에 그리던 고향, 이타카

오디세우스가 자고 있는 사이에, 배는 어느덧 그토록 그리던 이타카 땅에 닿아 있었다. 이타카의 아름다운 포르시스 항구에는 잎이 무성한 올리브 나무 한 그루가 서 있었고, 그 근처에는 성스러운 제사를 올리는 동굴도 있었다.

파이아케스 사람들은, 오디세우스가 깊이 잠들어 있는 것을 보고는 깨우지 않기로 하였다. 그래서 오디세우스를 조심스럽게 들어 이타카 섬의 해변에 눕히고, 그 옆에는 싣고 온 선물도 내려놓았다.

"자, 이제 우리 임무는 끝났으니 어서 돌아갑시다."

오디세우스를 이타카에 무사히 내려놓은 파이아케스 사람들은 홀가분한 마음으로 배를 돌렸다. 그 순간, 포세이돈이 이 장면을 보았다.

오디세우스를 미워하던 포세이돈은, 그가 무사히 고향에 도착한 것을 보자 무척 화가 났다. 하지만 이미 고향에 도착한 오디세우스를 더 이상 괴롭힐 수는 없었다. 포세이돈의 분노는 애꿎게도, 배에 타고 있던 파이아케스 사람들에게로 향하였다. 포세이돈은 파이아케스 사람들이 자기 나라에 도착하기 직전, 그들을 돌로 만들어 버렸다.

오디세우스는 깊은 잠에서 깨어났다.

자신이 낯선 곳에 혼자 있다는 것을 깨달은 오디세우스는, 깜짝 놀라서 사방을 둘러보았다. 그러나 사방은 안개가 자욱하여 주변이 보이지 않았다. 오랫동안 고향을 떠나 있던 오디세우스는, 그 곳이 어디인지 금방 알아보지 못하였다. 그래서 이번에도 고향으로 돌아가지 못했다고 생각하고 길게 탄식하였다.

"아아, 이 얼마나 비참한 운명이란 말인가! 이번에는 또 어떤 나라에 오고 만 것인가? 차라리 그냥 파이아케스 사람들의 나라에 그대로 머물러 있을 것을……. 이 땅에는 또 얼마나 무섭고 난폭한 사람들이 있을까?"

오디세우스는 파이아케이스 인들에게 받은 선물이 해변에 그대로 있는 것을 보고는 고개를 갸우뚱했다.

"선물이 그대로 있는 것을 보면, 그들이 파렴치한 사람들은 아닌 것

같은데 어찌하여 나를 이런 낯선 곳에 두고 떠났을까?"

그 때 어디선지 맑은 피리 소리가 들려왔다. 눈을 들어보니, 양치기로 보이는 젊은이가 다가오고 있었다. 그 젊은이는 사실, 오디세우스를 도와주기 위해 변장하고 온 아테나 여신이었다. 오디세우스는 양치기 젊은이에게 다가갔다.

"정말 반갑습니다. 당신은 내가 이 땅에 와서, 가장 먼저 만나는 사람입니다. 부디 저를 적으로 생각하지 마시고 도와주십시오."

"당신은 누구신지요? 걱정 말고 이야기하세요."

"이 곳은 어디입니까? 나라의 이름은 무엇인지요? 그리고 어떤 사람들이 살고 있는지요?"

양치기가 대답하였다.

"낯선 분이 아무것도 모르는 것을 보니, 방금 이 땅에 도착하셨나 봅니다. 이 곳은 매우 널리 알려져 있는 곳은 아니지만, 그래도 비교적 많은 사람들이 이 땅을 알고 있습니다. 여기는 이타카 땅, 멀리 트로이까지 이름이 알려져 있답니다."

오디세우스는 이타카라는 말에 깜짝 놀랐다. 그는 이제야 자신이 그토록 그리워하던 고향에 와 있다는 것을 비로소 알게 되었다. 그러나 오디세우스는 일단 아무것도 모르는 체하기로 하였다. 그는 오랫동안 많은 고난을 당했기 때문에 의심이 많아졌다.

"아, 여기가 이카타로군요! 이 땅에 대해서는 나도 크레타 섬에 살 때 들은 적이 있습니다. 나는 크레타 섬에서 그 곳 왕의 아들을 죽이고 이 곳으로 도망쳐 왔습니다. 나는 트로이 전쟁에 참여했던 사람입니다. 그런데 크레타 섬의 왕자가 내 전리품들을 빼앗으려고 했어요. 나는 내가 살기 위해 그를 죽여야만 했습니다. 그리고 겨우 이 곳까지 도망쳐 왔답니다."

이 말을 들은 양치기는 빙그레 웃었다. 그러더니 순간적으로 허름한 복장의 양치기는, 눈 깜짝할 사이에 아름다운 여인으로 변하였다.

"당신은 여전히 신중하시군요, 오디세우스여! 당신은 과연 신들과도 겨룰 수 있을 만큼 뛰어난 지혜를 가진 분입니다. 그러나 불행하게도 나를 알아보지는 못했지요? 그러나 곧 알게 될 겁니다. 나는 언제나 당신을 도와주던 아테나입니다. 하지만 이 곳에도 역시, 당신을 괴롭히는 적들이 있습니다. 나는 당신을 구하고 선물도 지켜 주기 위해 여기에 온 것입니다."

아테나 여신의 말을 들은 오디세우스는 우선 마음을 진정시켰다. 그러나 오디세우스는 여전히 조심스럽게 말하였다.

"아테나 여신이여! 당신이 인간으로 변장하는 재주는 너무나도 뛰어납니다. 아무도 당신을 알아보지 못할 것입니다. 그런데 저는 한 번 더 묻고 싶어요. 여기가 정말 이타카입니까? 정말 믿어지지 않아요. 여전히 낯선 땅에 도착했다는 느낌뿐입니다. 방황하고 있다는 느낌이 듭니다. 솔직하게 말씀해 주십시오."

"당신은 언제나 같은 걱정을 하고 있군요. 하기는 의심이 많아진 것은 이해할 수 있습니다. 그러나 늘 걱정과 근심 속에 잠겨 있으니, 내가 당신을 도와드려야만 합니다. 당신은 외눈박이 거인의 일로 포세이돈의 노여움을 받았습니다. 그래서 오랫동안 고난을 당하게 된 거예요. 하지만 이제는 고향에 돌아왔으니 마음을 놓으세요. 당신이 믿지 못하겠다면, 확실하게 보고 느끼도록 해 주겠습니다."

아테나 여신은 이러한 말을 끝내는 동시에 손을 번쩍 들었다. 그러자 지금까지 자욱하던 안개가 사라지면서 멀리 산과 들판이 드러났다.

"자, 보세요. 저 포구와 그 안쪽의 올리브 나무들을 바라보세요. 낯익은 풍경이지요? 또 저 동굴을 보세요. 당신은 저 곳에서 신들에게 제물을 바치지 않았습니까? 저 앞에 보이는 산이 바로 네리토리스 산이 아닙니까?"

오디세우스는 아테나 여신이 가리키는 것을 하나하나 살펴보았다. 과연 고향의 풍경이 틀림없었다. 오디세우스는 기쁨의 눈물을 흘리면서, 무릎을 꿇고 땅에 입을 맞추었다.

"아, 저는 정말 고향으로 돌아왔군요. 다시는 볼 수 없을 것만 같았던 이 모습들을 보다니! 정말 꿈이 아니군요. 이제는 가족을 만나기만 하면 됩니다. 아, 빨리 보고 싶습니다."

"그래요, 당신은 곧 가족들과 만나게 될 겁니다. 자, 우선 이 선물들을 감추어 두기로 합시다. 그리고 당신은 내 이야기를 좀더 들어야만 합니다. 아직 모든 게 완전히 끝난 것은 아니니까요."

아테나 여신은 오디세우스를 낯익은 동굴로 데리고 갔다.

"자, 우선 여기에 선물들을 넣어 두세요."

아테나 여신은 그 동굴 안에 선물을 넣어 두고, 커다란 바위로 동굴 입구를 막아 주었다. 아테나 여신과 오디세우스는 올리브 나무 아래로 내려가 앉았다.

"자, 이제부터 내가 하는 말을 잘 들으세요. 지금 당신 집에는 여러 명의 구혼자들이 와 있어요. 그들은 지난 10년 내내 당신의 가족을 괴롭혀 왔어요. 허락도 없이 함부로 당신 집에 묵으면서 식량을 축내고 있어요. 그리고는 날마다 당신 아내에게 결혼을 요구하고 있습니다. 그러나 부인께서는 당신이 돌아오기만을 고대하며 기다려 왔고, 그 청혼을 거절하느라 매우 지쳐 있습니다. 언제까지 그 청혼을 거절할 수만은 없어요. 그래서 그들 중 한 사람과 결혼하겠다고 말해 놓은 상태랍니다. 구혼자들은 빨리 한 사람을 선택하라고 매일 강요하고 있습니다. 또한 구혼자들은 당신의 아들을 죽일 생각까지 하고 있어요. 결혼에 방해가 되기 때문이지요. 당신은 이 모든 것을 슬기롭게 해결해야만 합니다. 그러니 당신의 운명은 아직도 험한 고비를 더 남겨 두고 있는 것입니다."

아테나 여신은 이 밖에도 지금의 여러 가지 상황을 자세히 말해 주었다. 오디세우스는 그 말을 매우 주의 깊게 새겨들었다.

"아테나 여신이여, 당신으로부터 이런 이야기를 미리 듣지 않았다면 또 어떤 험난한 일을 치러야 했을까요? 정말 감사합니다. 당신의 말이 없었다면 저는 그리운 고향 땅에 도착하자마자 목숨을 잃을 뻔했군요."

"그래요, 당신은 지금 그 어느 때보다도 침착하게 행동해야만 합니다. 물론 나는 당신을 계속 도와줄 거예요. 당신이 슬기롭고 용기 있게 행동한다면, 그 못된 구혼자들은 당신의 눈앞에서 피를 흘리게 될 겁니다. 우선 당신은 옛날 당신의 하인인 유메우스를 찾아가세요. 당신 집의 돼지를 맡아 기르고 있어요. 그 사람은 지금도 여전히 충성스러워요. 당신은 그를 찾아가서, 좀더 자세한 사정 이야기를 들어 보도록 하세요. 그러나 당신의 신분은 숨겨야만 합니다. 아직은 모든 걸 조심해야만 하니까요. 구혼자들이 언제 어느 곳에서 당신을 알아볼지 모르니까요."

아테나 여신은 이렇게 말하고 나서 오디세우스를 만졌다. 그러자 오디세우스의 모습이 순식간에 변하였다. 피부는 거칠어 축 늘어졌고, 얼굴 가득 주름살이 생겨났다. 갈색의 머리도 하얗게 볼품없이 세었고, 맑게 빛나던 두 눈은 총기를 잃고 흐릿해졌다. 그뿐만 아니라, 옷도 너덜너덜해지고 때가 잔뜩 묻은 옷으로 변하였다. 누가 보아도 오디세우스의 모습은 늙고 병든 거지였다.

"오디세우스여! 이제 나는 당신의 아들 텔레마코스를 찾아갈 거예요.

당신의 아내에게 구혼하는 자들로부터, 목숨의 위험을 느끼고 있는 당신의 아들을 구해야만 합니다. 당신은 돼지치기 유메우스의 집에서 머물도록 하세요."

이렇게 말하고 아테나 여신은, 오디세우스의 아들인 텔레마코스를 만나러 훌쩍 떠나갔다.

유메우스

아테나 여신과 헤어진 오디세우스는 항구를 떠나, 언덕 위의 숲 속으로 들어갔다. 아테나 여신이 말한 착한 돼지치기인 유메우스를 찾아가야 했다.

숲 속의 좁은 오솔길을 따라 올라가자 집이 한 채 보였다. 집 마당에는 큰 돼지우리가 열두 개 있었고, 우리마다 50마리 정도의 새끼돼지가 어미돼지와 함께 있었다. 우리 밖에는 수돼지들이 조금 있었다.

마침 문간방 앞에 앉아 있는 한 노인이 보였다. 그는 바로 오디세우스의 옛 하인인 유메우스였다. 그는 어느 일꾼보다도 더욱 정성껏 일하는 사람이었다. 유메우스는 오디세우스가 전쟁에 나간 후, 주인의 돼지를 맡아 기르기 위하여 누구의 도움도 받지 않고, 이 곳에 손수 집을 지었다. 그리고 돼지의 수를 늘려가며 혼자 살아왔다.

오디세우스는 집 앞으로 다가갔다. 유메우스는 문 앞에서 신발을 만들고 있었다. 그 옆에는 돼지를 지키는 사냥개 네 마리가 있었다. 오디세우스가 가까이 다가오자, 사냥개들은 으르렁거리며 갑자기 달려들었다.

오디세우스는 사냥개들의 공격을 피하려다가 뒤로 벌렁 넘어졌다. 그는 병든 노인으로 변하였기 때문에 빠르게 피할 수가 없었던 것이다.

유메우스가 얼른 달려와 사냥개를 말리지 않았다면, 오디세우스는 크게 다쳤을 것이다. 유메우스는 사냥개들을 꾸짖으며 멀리 떨어지게 하였다.

"영감님, 하마터면 사냥개들에게 물릴 뻔했어요. 그랬다면 나는 당신에게 원망을 들었겠지요. 그렇지 않아도 나는 늘 욕을 먹으며 사는 사람이지만 말입니다. 더구나 우리 주인님께서 멀리 떠나신 후로는 늘 이 모양이랍니다. 우리 주인님은 정말 좋은 분인데, 지금은 어느 곳에서 방황하고 계신지 아무도 알지 못한답니다. 그런데 나는 다른 놈들이 배불리 먹을 살찐 돼지를 기르고 있습니다."

"아, 그렇습니까?"

"아무튼 나를 따라 들어오세요. 보아하니 몹시 지쳐 보이는데, 내가 먹을 것을 좀 드리지요. 얼마나 시장하세요?"

오디세우스는 유메우스를 따라 집 안으로 들어갔다. 유메우스는 바닥에 마른풀을 깐 다음, 그 위에 염소가죽을 펼쳤다. 그것은 오디세우스가 옛날에 침대보로 사용하였던 좋은 모피였다.

"아, 이렇게 대접을 해 주시니 정말 고맙습니다. 거지나 다름없는 나그네를 따뜻하게 맞아들이는 당신에게 신의 은총이 있기를 바랍니다."

오디세우스가 진심으로 말하자, 유메우스는 이상하게도 한숨을 지었다.

"아닙니다. 나그네를 대접하는 것은 당연하지요. 비록 당신보다 더 천한 사람이 오더라도, 손님을 소홀히 모실 수는 없지요. 우리 주인님도 어디서 누구에게 구걸하며 헤매고 있을지도 모르는 일이니까요. 우리 주인님이 계셨다면, 당신에게 좀더 좋은 대접을 해 드리시겠지요. 그 분은 늘 친절하고 관대했어요. 더구나 하인들에게는 더 극진히 잘해 주셨어요. 아마, 내가 이처럼 돼지를 잘 기른 사실을 아신다면, 나에게 큰상을 내리실 겁니다. 하지만 지금은 죽었는지 살았는지조차 알 수 없습니다. 주인님은 벌써 오래 전에 트로이 전쟁터로 싸우러 나가셨어요. 그 후로는 답답하게도 소식이 없답니다."

유메우스는 거기까지 말하고는 밖으로 나갔다. 밖으로 나간 유메우스는 새끼돼지 두 마리를 잡아 고기를 구웠다. 고기가 맛있게 익었을 때, 빵과 포도주를 곁들여서 식사 준비를 하였다. 유메우스는 친절한 목소리로 오디세우스에게 음식을 권했다.

"자, 많이 드십시오. 하인들이 먹는 음식이어서 보잘것없습니다. 그러나 이 돼지는 새끼돼지라서 맛있을 겁니다. 살이 포동포동하게 찐 수돼지들은 우리 주인 마님께 구혼하는 자들이 다 잡아간답니다."

"구혼자라니요?"

"그래요, 당신이야 그 자들이 누구인지 잘 모르겠지요. 세상에 그런 나쁜 놈들이 어디 있습니까? 우리 주인님이 트로이 전쟁터로 떠난 뒤 오랫동안 소식이 없자, 주인 마님께 결혼하자며 구혼자들이 모여들기 시작했답니다. 구혼자들은 주인님의 집을 자기 집처럼 드나들며, 갖은 행패를 다 부린답니다. 음식을 함부로 꺼내어 자기들끼리 마구 먹어 버리지를 않나, 이 곳의 살찐 돼지들도 수없이 잡아먹었답니다. 나는 사냥개들과 함께 돼지를 지켰지만, 나 혼자서는 막을 수가 없습니다. 그래서 아예 하루에 한 마리씩 정해서 갖다 바치고 있지요. 눈뜨고 마구 빼앗기는 것보다는 그것이 차라리 나으니까요. 구혼자들이 잡아먹지만 않았다면, 돼지 숫자는 엄청나게 많이 불어났을 겁니다."

오디세우스는 유메우스의 말을 들으면서 음식을 먹었다. 머릿속에는 온통 구혼자들에 대한 복수심으로 가득 찼다. 식사가 끝나자 유메우스는 포도주를 권했다. 오디세우스는 잔을 받으며 말하였다.

"당신은 정말 친절하군요. 대체 당신의 주인은 누구십니까? 그 분이 트로이 전쟁에 참여하기 위하여 떠나셨다고 했지요? 그 분이 누구인지 나에게 자세히 이야기해 주세요. 혹시 내가 아는 분인지도 모르니까요. 나는 여러 해 동안 여러 곳을 떠돌아다니며 많은 사람들을 만났지요."

"아닙니다. 당신이 우리 주인님을 만났다고 말한다 해도, 아무도 그 말을 더 이상 믿지 않을 것입니다. 더군다나 주인 마님이나 아드님에게는 믿음을 줄 수 없답니다. 왜냐하면 방랑자들은 대개, 아무 말이나 쉽게 한다는 것을 알고 있으니까요. 그 동안 여러 나그네들이 우리 주인 마님을 찾아왔었답니다. 그들은 주인님을 만난 적이 있다고 말했습니다. 그럴 때마다, 마음 약하고 착하신 우리 주인 마님은 열심히 이것저것 물었어요. 그게 여자의 마음 아니겠어요? 더욱이 남편을 전쟁터로 보낸 경우라면 더하지 않겠어요? 누가 당신에게 새 옷과 먹을 것을 대접해 준다면, 당신도 거짓말을 꾸며 대지 않겠어요? 그러니 방랑자들의 말은 믿을 게 못 된답니다. 아마도 우리 주인님은 전쟁통에 벌써 돌아가셨는지도 몰라요. 날쌘 짐승에게 물려 죽었는지, 물고기 밥이 되었는지는 아무도 몰라요. 그 분께서는 저에게 친절을 베풀어 주셨고, 진심으로 사랑해 주셨어요. 정말이지 그렇게 좋은 분을 다시 만나기는 힘들 겁니다. 지혜롭고 인자한 분이었어요. 나는 내 아버님을 잃은 것처럼 슬프답니다. 나의 주인님인 오디세우스님은 대체 어떻게 되신 건지……. 나는 언제나 그 분을 내 주인님으로 생각하고 산답니다."

유메우스는 한탄하면서 자기 주인의 이야기를 길게 하였다. 그 말을 들은 오디세우스는 다시 입을 열었다.

"여보시오, 당신은 이미 그 분이 죽었다고 생각하는 것 같군요. 하지만 나는 제우스 신께 맹세하겠어요. 당신의 주인인 오디세우스님은 꼭 돌아오실 겁니다. 그분은 분명 살아 있습니다."

오디세우스는 다짐하듯이 말을 이었다.

"나는 이 말에 대해서 책임을 질 것이며, 당신의 주인이 돌아오시기 전에는 어떠한 선물도 받지 않겠소. 가난을 못 이겨서 아무 말이나 적당히 꾸며 대는 자들은 나도 아주 싫어합니다. 내가 한 번 더 분명히 말하지만, 올해가 가기 전에 당신의 주인은 반드시 돌아오십니다. 그래서 부인과 아들을 괴롭히고 있는 구혼자들에게 복수를 하고 말 것입니다."

오디세우스가 이렇게 자신 있게 말했지만, 유메우스는 여전히 고개를 저었다.

"영감님, 나는 그런 기쁜 소식을 들어도, 당신께 드릴 새 옷이나 선물들이 없답니다. 그러니 맹세 같은 것은 하지 않아도 좋습니다. 그리고 주인님은 돌아오지 못할 겁니다. 그냥 편안히 쉬면서 술이나 마시세요. 하지만 정말로 돌아오신다면…… 얼마나 기쁘겠어요. 주인 마님이나 아드님도 굉장히 기뻐하시겠지요. 아드님 이야기를 하고 나니 또다시 슬퍼지는군요. 주인님의 아드님인 텔레마코스님도 훌륭한 분이랍니다. 그분은 아버님 소식을 알아보려고 스파르타로 떠났습니다. 그런데 구혼자들이 그 아드님을 죽이려고 기다리고 있어요. 참으로 무서운 일 아닙니까?"

유메우스는 깊은 한숨을 쉬고는 다시 말을 이었다.

"이제, 우리 주인님에 관한 이야기는 그만 합시다. 주인님 이야기를 하다 보니 자꾸 슬퍼집니다. 이제 영감님 이야기를 해 보세요."

오디세우스는 유메우스의 말에 고개를 끄덕이며 입을 열었다.

"그래요, 이제 내 이야기를 해야겠군요. 이렇게 좋은 음식과 술이 있으니, 지난 이야기를 하기에 아주 적절하군요. 그러나 1년 동안 이야기를 계속한다고 해도, 내 모든 과거를 자세히 말할 수는 없답니다. 나는 오랜 세월 동안 수없이 많은 고난을 겪었습니다. 물론 그것은 신의 뜻인지도 모릅니다. 나는 크레타 섬에서 태어났습니다. 넓은 땅을 가진 부잣집에서 태어나 아주 좋은 저택에서 잘 자랐습니다. 나는 용감한 젊은이로 성장하였습니다. 뛰어난 무술 실력을 지니고 있어서, 어떤 전투에서라도 앞장서서 싸우곤 했습니다. 그런데 어느 날 내 운명을 바꿀 일이 생겼습니다. 바로 트로이 전쟁입니다. 우리 크레타 섬 사람들도 트로이 원정에 참여하게 되었습니다. 모두가 신의 뜻이라고 받아들였습니다."

오디세우스는 이렇게 이야기를 시작하였다. 그는 자신이 누구라는 것만 감추고는 자신이 겪었던 모든 일들을 남의 이야기하듯 말하였다. 이야기를 하면서 자신의 이름을 지어 말하기도 하였다. 자신이 그분과 함께 전투를 했다고 꾸며 댄 것이었다. 물론 전투 이야기는 오디세우스 자신이 실제로 겪었던 것이었다.

오디세우스는 10여 년간의 그 무섭고도 힘들었던 전쟁 이야기를 하고 있으려니까 가슴이 아팠다. 그는 가끔 눈물을 흘리기도 했고, 목이 메이기도 했다. 유메우스도 슬픈 표정으로 오디세우스의 이야기에 귀를 기울이고 있었다. 오디세우스의 이야기를 듣고, 유메우스는 큰 감동을 받았다.

"아, 정말로 가련한 분이시군요. 참으로 많은 고생을 하셨어요. 당신의 이야기는 내 가슴을 흔들어 놓았습니다. 당신이 지내온 그 험난한 세월에 대해 어떻게 위로를 드려야 할지 모르겠어요. 그런데 이해하기 어려운 말이 더러 있더군요. 당신 같은 분께서 어찌하여 거짓말을 하시나요? 당신 말처럼 정말 오디세우스님이 살아 계신다면, 왜 아직도 돌아오지 않는단 말입니까? 오디세우스님은 이미 돌아가신 것이 틀림없어요. 그런데도 이렇게 말을 꾸며 대어 나에게 헛된 기대를 갖게 하니, 나는 기분이 언짢아집니다. 당신이 좋은 사람이라고 생각했는데, 잘못 본 모양입니다. 그러나 당신이 어렵게 살아오신 것은 분명한 것 같군요. 그래서 나는 당신에게 친절하게 대하고 있는 겁니다. 그러니 제발 더 이상은 나를 유혹하려고 하지 마십시오. 그런 술수로 내 호의를 살 생각은 하지 말라는 말입니다."

현명한 오디세우스는 그 말에 이렇게 대답하였다.

"아, 내 말을 잘 이해하지 못하고 계시는군요. 당신의 마음속에는 의심이 너무 많아서, 맹세로써도 당신을 믿게 하지는 못하는군요. 그렇다면 우리 내기를 합시다. 만약 이 집으로 주인께서 돌아오시는 날에는, 나에게 코트와 조끼로 새 옷을 입혀 주고, 주인께서 돌아오지 않는다면 나를 낭떠러지에서 떨어뜨려서 다른 거지들이 거짓말을 못하도록 본때를 보여 줘도 좋습니다."

"아니오, 그건 말도 안 되는 소리예요. 오디세우스님이 돌아오건 그렇지 못하건, 내가 어찌 당신에게 그런 짓을 할 수 있겠어요? 좋아요, 이제 그런 이야기는 그만 합시다. 벌써 저녁 시간도 다 되어 가니, 동료들이 돌아오면 식사부터 합시다. 그런 다음에 또 이야기를 나누도록 합시다."

잠시 후, 돼지를 치는 다른 사람들이 돌아왔다. 그들은 유메우스 밑에서 돼지 치는 일을 돕는 사람들이었다. 그들은 몰고 온 돼지들을 우리 속으로 밀어넣었다. 돼지들은 한동안 시끄럽게 꿀꿀거렸다. 유메우스는 목동들을 불러, 돼지를 잡아 포식을 하자고 했다. 그들은 유메우스의 말에 따라 돼지 여러 마리를 잡았다. 유메우스는 먼저 신들에게 제사를 지내고 나서, 저녁 식사를 준비하였다.

오디세우스는 사람들과 함께 식사를 하였다. 유메우스는 갈색으로 잘 구워진 돼지고기 중에서 가장 맛있는 부위를 골라 오디세우스에게 먼저 주었다. 오디세우스는 몹시 기뻤다.

"나 같은 나그네에게 이렇게 후하게 대접을 하시니, 당신에게 신의 축복이 있을 겁니다."

"착한 손님에게 이렇게 대접하는 것은 그리 어려운 일이 아닙니다. 마음껏 드시고 이 시간만큼은 즐겁게 보내십시오."

그들은 떠들썩하게 이야기를 주고받으며 맛있게 저녁을 먹었다. 그러고 나서 다시 오디세우스의 이야기가 시작되었다. 오디세우스는 또다시 트로이 전쟁 이야기를 하였다. 모두 흥미롭게 이야기를 들어주었다. 이야기는 밤늦게까지 계속되었다.

마침내 잠자리에 들 시간이 되었다. 유메우스는 오디세우스에게 따뜻한 잠자리를 마련해 주었다. 유메우스는 동료들과 함께 잠을 자지 않았다. 그는 어깨에 예리한 칼을 메고, 두꺼운 코트를 입고는 돼지를 지키기 위하여 밖으로 나갔다. 오디세우스는 그런 유메우스의 성실함에 깊은 감동을 받았다.

텔레마코스

오디세우스의 아들 텔레마코스는 돼지치기 유메우스의 말처럼, 아버지의 소식을 알아보기 위하여 스파르타에 가 있었다. 아테나 여신은 오디세우스와 헤어진 다음에, 부자간이 더욱 빨리 만나기를 바랐다. 그래서 아테나 여신은 서둘러 스파르타로 갔다.

그 때 스파르타에 가 있던 텔레마코스는, 스파르타의 왕인 메넬라오스로부터 극진한 대우를 받고 있었다. 아테나 여신이 스파르타에 도착했을 때는 주위가 온통 고요하였고, 어둠이 깊은 밤이었다. 텔레마코스는 메넬라오스의 집에서 뜬눈으로 밤을 지새우며, 아버지의 소식만을 기다리고 있었다. 그는 아버지의 소식을 전혀 듣지 못해 날마다 초조한 나날을 보내고 있었다.

아테나 여신은 이번에는 젊은 남자로 변신하였다. 그리고는 소리 없이 텔레마코스 곁으로 다가가 말하였다.

"가엾은 사람이군요. 여기서 시간을 허비하고 있다니……."

텔레마코스는 깜짝 놀라 자리에서 벌떡 일어났다.

"당신은 누구십니까? 그리고 무슨 말씀을 하고 계시는 겁니까?"

"이젠 그만 집으로 돌아가야 하지 않겠습니까? 집 안에 나쁜 사람들을 남겨 둔 채, 너무 오랫동안 밖에서 방황하고 있다는 건 현명하지 않군요. 당신이 시간을 허비하고 있는 사이에, 그들은 당신의 재산을 각기 나누어서 모두 삼켜 버릴지도 모르잖아요. 또 당신의 어머니는 구혼자들에게 둘러싸여 고통을 겪고 있잖아요. 그런 중에도 하루하루 오디세우스님의 소식이 있기만을 기다리고 있고요. 그런데 당신은 여기에서 아무것도 알아내지 못한 채 빈둥거리고만 있잖아요. 이제는 당신의 친척들도 어머니께 재혼할 것을 권하고 있어요. 그럴 수밖에 없지요. 여러 명의 난폭한 구혼자들이 매일 어머니를 괴롭히고 있으니, 더 이상은 견디기 어려울 겁니다. 이제 집으로 돌아가서 이 모든 일을 해결해야만 합니다. 꼭 한 가지 명심할 것은, 구혼자들 중 일부가 당신이 돌아오는 길을 지키고 있다는 사실이에요. 그들은 당신이 집으로 돌아가지 못하도록 중간에서 죽일 생각을 하고 있어요. 이제 내 말을 잘 들으세요. 당신은 내일 당장 배를 타고 이타카로 돌아가세요. 신들께서 당신을 보살피고 있으니, 순풍이 배를 인도할 겁니다. 당신은 중간쯤에 이르렀을 때, 다른 뱃길을 이용해서 멀리 돌아가야 합니다. 바다 중간에서 당신을 죽이려고 기다리는 암살자들이 있으니까요. 무사히 이타카에 닿게 되더라도 집으로는 가지 마시고, 돼지치기 유메우스의 집으로 먼저 가도록 하세요. 집에는 당신이 왔다는 소식을 전하기만 하고, 일단 유메우스의 집에 머물도록 하세요."

아테나 여신은 여기까지 말하고는 일어섰다. 텔레마코스가 급히 따라갔지만, 아테나 여신은 어디론가 사라지고 없었다. 텔레마코스는 그가 누구인지도 알아내지 못했다.

텔레마코스는 이 신비한 사람이 전하여 준 말을 밤새도록 생각해 보았으나 마음만 조급해질 뿐, 말의 뜻을 제대로 알아차릴 수가 없었다. 분명한 사실은, 무슨 일인가 벌어지고 있다는 생각뿐이었다.

날이 밝자, 텔레마코스는 일찍 일어났다. 그는 눈을 뜨자마자 메넬라오스 왕을 찾아갔다. 메넬라오스는 아내 헬레네와 함께 앉아 있었다. 텔레마코스는 메넬라오스 앞으로 나아가 말하였다.

"메넬라오스 왕이시여! 그 동안 저를 극진히 대접해 주신 것에 대해 진심으로 감사를 드립니다. 저는 이만 고향으로 돌아갈까 합니다. 여러 가지로 집안일이 걱정되어, 더 이상 여기에 머물러 있을 수가 없습니다."

메넬라오스는 텔레마코스의 말을 듣고는 천천히 고개를 끄덕거렸다.

"자네가 떠나기를 원한다면, 내가 더 만류할 수 없다네. 손님을 무작정 잡아 두는 것도 예의가 아니거든. 그런데 지금 당장 떠나겠다는 건가? 내가 자네에게 줄 선물을 준비할 시간은 줘야 하지 않겠나? 잠시만 기다리게. 내가 여행에 필요한 물품과, 선물을 준비하도록 하겠네."

메네랄오스는 급히 시녀들을 불러 선물을 준비하라고 명령하였다. 선물은 다름 아닌, 메넬라오스가 가장 아끼던 황금으로 만든 술병과 잔이었다. 헬레네도 선물을 준비하였다. 섬세하고 아름다운 자수를 손수 놓은 겉옷이었다.

"텔레마코스님, 내가 정성껏 만든 옷이랍니다. 마음에 들지 않더라도 성의로 받아 주세요. 나중에 당신의 아내가 이 선물의 주인이 되었으면 좋겠습니다. 그리고 무사히 집으로 돌아갈 수 있기를 기도할게요."

"감사합니다. 이 정성과 은혜를 잊지 않겠습니다."

텔레마코스는 정중하게 이 선물들을 받았다. 세 사람은 마지막 식사를 하였다. 식사가 끝나자, 텔레마코스는 메넬라오스에게 작별인사를 하고 마차에 올랐다.

텔레마코스가 탄 쌍두마차는 해안을 향하여 힘차게 나아갔다. 그 날 저녁에 해안에 도착한 텔레마코스는, 일행과 함께 배에 올라 뱃머리에 앉았다. 배는 순조롭게 출발하였다. 텔레마코스는 신비한 사나이가 전해 준 말에 따라, 중간쯤에 이르러서 항로를 바꾸었다. 보통 다니는 뱃길 대신, 여러 섬들을 거쳐 돌아가는 길을 택했던 것이다. 배는 순풍을 타고 빠르게 지나갔다.

텔레마코스 일행이 무사히 이타카 섬에 닿을 무렵이 되자, 해는 기울고 어둠이 깔리기 시작하였다. 그들은 배에서 내려 우선 푸짐하게 음식을 만들어 먹은 다음, 포도주도 마시며 즐겁게 항해하였다. 이타카 섬에 내린 뒤, 텔레마코스가 일행에게 말하였다.

"이제 헤어지도록 합시다. 당신들은 곧장 마을로 가세요. 나는 돼지치기 유메우스의 집에 들렀다가, 내일쯤 집으로 갈 것입니다. 그 동안 나를 도와주셔서 정말 감사합니다."

"그럼 우리는 어디로 갑니까? 당신 집으로 가 있을까요?"

사람들이 이렇게 물었다.

"아니오, 그 곳에는 구혼자들이 몰려와 있기 때문에 좋지 않아요. 그리고 나의 어머니를 만나기도 쉽지 않을 것입니다. 어머니는 구혼자들이 집에 와 있는 동안에는 좀처럼 방에서 나오시지 않거든요. 도대체 언제쯤에나 마음놓고 우리 집에 갈 수 있을는지……."

텔레마코스가 한탄하고 있을 때, 그의 머리 위로 새 한 마리가 날아갔다. 그런데 그 새의 깃털 하나가 텔레마코스의 오른쪽 어깨에 떨어졌다. 그것을 본 일행 중 한 사람이 말하였다.

"텔레마코스님, 너무 낙심하지 마십시오. 제 생각에는 방금 떨어진 깃털이 결코 우연한 것이 아니라고 생각됩니다. 저것은 하늘의 뜻을 보여 주는 길조입니다. 당신의 가족이 다시 영광을 찾게 된다는 것을 보여 준 겁니다."

"당신의 말처럼 그렇게만 된다면 얼마나 좋겠습니까? 그 날이 오면,

나는 당신들에게 모든 사람이 부러워할 만큼의 선물을 드리겠어요."
텔레마코스는 페이라오스를 바라보며 말하였다.

"나의 다정한 친구 페이라오스여, 여러 사람들이 머물기에는 당신 집이 가장 좋을 듯합니다. 나의 일이 끝날 때까지만 이 손님들을 대접해 주겠소?"

페이라이오스가 정중하게 말하였다.

"기꺼이 그리하겠소. 당신의 일이 오랜 시간이 걸린다 해도 부족함 없이 대접할 겁니다. 그 점이라면 마음놓고 있어도 좋을 겁니다."

텔레마코스 일행은 헤어지게 되었다. 같이 온 일행들은 선물을 가지고 페이라이오스의 집으로 떠났고, 텔레마코스는 충직한 돼지치기가 살고 있는 곳을 향하여 오솔길로 접어들었다.

아들과 아버지

오디세우스는 이른 새벽에 잠자리에서 일어났다. 그는 유메우스를 도와 아침 식사를 준비하였다. 일꾼들은 식사를 마치고, 돼지를 몰고 밖으로 나갔다. 집에는 오디세우스와 유메우스 두 사람만이 남았다. 오디세우스는 유메우스의 일을 돕고 있었다.

그 때 저 멀리서 누군가가 터벅터벅 걸어오고 있었다. 그런데 이상하게도 다른 때는 낯선 사람만 보면 마구 짖어 대는 사냥개들이 그 사람을 보고는 전혀 짖지를 않았다. 오히려 꼬리를 살랑살랑 흔들어 댔다. 유메우스의 일을 돕던 오디세우스는 발자국 소리를 들었다.

"유메우스님, 누가 오는 것 같아요. 개들도 짖지 않는 걸 보니, 당신을 아는 사람인가 봅니다."

오디세우스의 말이 미처 떨어지기도 전에, 오디세우스의 아들 텔레마코스가 문간에 들어섰다. 그를 본 유메우스는 깜짝 놀라 달려나갔다. 유메우스는 텔레마코스의 두 손에 입을 맞추며 주먹 같은 눈물을 펑펑 흘렸다. 마치 먼 전쟁터에서 구사일생으로 살아온 아들을 맞이하는 것 같았다. 유메우스는 텔레마코스를 끌어안고 흐느껴 울면서 말하였다.

"드디어 돌아오셨군요, 텔레마코스 왕자님. 왕자님을 다시는 못 보는 줄 알았습니다. 스파르타로 떠난다는 이야기만 듣고, 그 후 소식은 전혀 못 들었으니까요. 그런데 어찌 된 일입니까? 이 곳까지 찾아오시다니요. 자, 어서 들어가세요."

"내가 여기에 온 것은 집으로 가기 전에 먼저, 당신에게 들러 보아야겠다고 생각했기 때문입니다. 집안 사정이 어떤지, 구혼자들은 아직도 우리 집에 머물고 있는지 자세한 이야기를 듣고 싶습니다."

"아직도 사정은 변한 게 없어요. 구혼자들은 여전히 머물러 있습니다. 그리고 왕비님도 여전히 쓰라린 고통을 참으면서, 밤낮으로 슬픈 눈물로 지쳐서 세월을 보내고 계신답니다."

유메우스는 텔레마코스를 집 안으로 안내하였다. 오디세우스는 텔레마코스가 집 안으로 들어오자, 얼른 일어나서 자리를 비켰다. 오디세우스를 본 텔레마코스는 일어나는 그를 만류하며, 예의바른 태도로 말하였다.

"손님이 계셨군요. 그대로 앉아 계십시오. 자리를 하나 더 마련하면 되니까요."

텔레마코스의 만류에 오디세우스는 다시 자리에 앉았다. 유메우스는 바닥에 푸른 나뭇잎을 깔고, 그 위에 부드러운 양털 가죽을 덮은 다음, 텔레마코스를 앉혔다. 그리고는 부지런히 식사 준비를 했다. 얼마 지나지 않아 고기와 빵과 포도주를 가지고 왔다.

세 사람은 함께 앉아 식사를 하였다. 배부르게 식사를 마친 텔레마코스는 유메우스에게 말하였다.

"유메우스, 이 손님은 어디서 오신 분입니까? 어떻게 해서 이곳에 머무르고 계신 건가요?"

"이 손님은 크레타 섬에서 오신 분입니다. 여러 나라를 떠돌다가 마침내 이곳까지 왔다고 하는군요. 게다가 이 손님은 오디세우스님도 보았다고 합니다. 왕자님께서 은혜를 베풀어 주신다면 무척 고마워할 겁니다."

유메우스의 말을 듣고 난 텔레마코스는 난처한 빛을 보이며 다시 말하였다.

"정말 안됐습니다. 그런데 내가 어떻게 은혜를 베풀겠습니까? 다른 때 같으면 우리 집으로 모시고 가서 대접을 할 수도 있겠지만, 지금은 나에게 무엄하게 대하는 자들을 올바로 다스릴 힘도 없는 형편인데다가, 어머니도 마음이 아파서 누구를 접대할 여유가 없을 겁니다. 구혼자들이 집 안을 아주 차지하고선 온갖 행패를 부리고 있으니까요. 그러나 손님께서 당신 집에 오셨으니 내 코트와 조끼, 훌륭한 의복을 드리고 검과 군화를 드려서, 마음이 내키는 곳으로 가실 수 있도록 도와드리세요."

옆에서 이들의 대화를 듣고 있던 오디세우스가 텔레마코스에게 말하였다.

"제가 끼어들어도 될지 모르겠습니다만, 옆에서 듣고 있자니 참으로 제 마음이 쓰라립니다. 구혼자라는 사람들이 남의 집에 함부로 들어와 행패를 부린다니 말이 됩니까? 이토록 훌륭하신 분이 그런 고통을 당하고 계시다니, 그런데 왜 당신은 그것을 보고만 계십니까? 가까운 이웃이나 친척들도 없나요? 아버님이 안 계실 때는 아들이 어머니를 지켜야지요. 젊고 용기 있는 당신과 주위 사람들이 힘을 합친다면, 능히 구혼자들을 몰아낼 수 있을 것 같은데요. 이렇게 당하고만 있다니, 참으로 안타까운 일입니다."

오디세우스는 이렇게 은근히 야단을 쳤다. 이 말을 들은 텔레마코스는 침통한 표정으로 말했다.

"손님께서 그렇게 말씀하시니 내가 좀더 자세히 이야기를 하지요. 이웃들이 나를 증오하거나 악의를 품고 있지는 않습니다. 아무리 화가 나더라도 형제들을 책망할 수도 없는 것이지요. 또 나의 아버님은 외아들이어서, 가까운 친척도 그리 많지 않습니다. 더구나 숲이 우거진 섬들을 통치하고 있는 왕족들, 다시 말해 우리 이타카에서 권력을 쥐고 있는 모든 자들이 어머니를 괴롭히고 집안을 망쳐 놓았답니다. 어머니는 이 저주받을 구혼자들의 청혼을 받아들이지도 않지만, 그렇다고 끝장을 낼 힘도 없으십니다. 그래서 우리는 어쩔 수 없이 당하고만 있는 겁니다."

텔레마코스는 이렇게 말하고 나서, 이번에는 유메우스에게 말하였다.

"유메우스, 나는 이 곳에 있을 테니 어머니에게 가서 내가 왔다는 것을 알려드리세요. 반드시 내 어머니에게만 말씀드리세요. 나를 없애려는 자들이 있으니, 아무도 모르게 전해야만 합니다."

"걱정 마십시오, 왕자님. 지금 즉시 달려가서 도련님이 돌아오신 것을 알려드리고 오겠습니다."

유메우스는 궁전을 향하여 떠났다. 집 안에는 오디세우스와 텔레마코스만 남게 되었다. 그 때 아름다운 아테나 여신은, 예쁘고 훤칠한 키에 솜씨 좋은 여자로 변신하여 오두막 앞에 나타났다. 그러나 텔레마코스는 그 모습을 보지 못하였고, 오디세우스만이 그녀를 알아보았다. 신의 모습은 누구에게나 보이는 것이 아니기 때문이었다. 사냥개들도 여신을 알아보고 짖지 않았다. 그저 끙끙거리며 아테나 여신을 피해 다녔다.

오디세우스는 아테나 여신이 살짝 눈짓으로 신호를 보내자, 조심스럽게 여신에게로 다가가 섰다.

"지혜로운 오디세우스님! 이제는 아들에게 모든 것을 말해도 좋습니다. 더 이상 숨기지 마세요. 그리고 구혼자들에게 복수할 계획을 세우세요. 나는 언제나 당신의 옆에서 지켜보며 도와드릴 겁니다."

아테나 여신은 이렇게 말하고 나서, 들고 있던 지팡이로 오디세우스를 살짝 쳤다. 그러자 오디세우스는 다시 예전의 모습으로 돌아왔다. 아테나 여신은 오디세우스가 변하자마자 사라져 버렸다.

오디세우스가 변하는 것을 본 텔레마코스는, 깜짝 놀라서 두 눈이 휘둥그레졌다.

"손님, 도대체 어떻게 된 겁니까? 당신은 순식간에 딴 분으로 변했습니다. 옷도 다르고 피부도 전과 같지 않습니다. 당신은 신이시군요. 값진 예물과 황금으로 예쁘게 짜서 만든 옷을 선물로 올리겠습니다. 우리에게 자비를 베풀어 주십시오."

텔레마코스는 너무나 놀라 아버지를 알아보지 못하고, 그저 신이라고만 생각하였다. 오디세우스는 놀란 표정으로 자리에서 일어나는 텔레마코스를 보고 천천히 입을 열었다.

"나는 신이 아니다. 어찌 나를 신이라고 생각한단 말인가? 나는 네 아버지란다. 네가 이제껏 기다려온 바로 그 사람이다. 아버지 때문에 오랫동안 한숨과 고통으로 세월을 보내면서, 구혼자들의 손아귀에서 곤욕을 참아왔구나!"

오디세우스는 이렇게 말하면서 눈물을 떨어뜨렸다. 오랫동안 참아왔던 눈물이라 이제는 더 이상 참을 수가 없었다. 그러나 텔레마코스는 그 말을 쉽게 믿지 못했다.

"아닙니다. 당신은 오디세우스, 제 아버님이 아닙니다. 신이 아니고서야 어떻게 자신의 의지대로 늙었다가 젊어질 수 있단 말입니까? 당신은 조금 전까지만 해도 늙고 누더기를 걸쳤었는데, 이제는 젊고 튼튼한 몸 아닙니까?"

그러자 오디세우스가 다정한 목소리로 말하였다.

"텔레마코스, 네가 그토록 그리워하던 아버지가 돌아왔는데, 아무리 당황했다고 해도 아버지를 못 알아보다니 옳지 못한 일이다. 나는 무수한 고난을 겪고, 오랫동안 떠돌아다니다가 20년 만에 고국 땅을 밟았다. 내가 이렇게 돌아올 수 있었던 것은 모두 아테나 여신 덕분이었다. 나를 늙은이로 변장시킨 것도 그 분이었다. 내가 위험에 빠지지 않도록 나를 변장시켜 준 거란다."

말을 마치고 오디세우스는 조용히 텔레마코스 앞으로 가서 앉았다. 비로소 아버지임을 알게 된 텔레마코스는, 눈물을 흘리며 오디세우스의 품에 안겼다. 두 사람은 오래도록 소리내어 울었다. 그 동안에 맺힌 한이 눈물이 되어 하염없이 쏟아졌다.

"아버님은 어떤 배를 타셨기에 뱃사공들이 이타카 땅까지 모시고 왔나요? 그들은 어떤 사람들입니까?"

"나를 데려다 준 사람들은 바다에 능숙하고, 친절하게 손님들을 대접해 주는 파이아케스 족이란다. 그들은 나를 배에 태워서 바다 건너 이 곳 이타카까지 데려다 주었단다. 그들은 정말 선하고 용기 있는 사람들이란다. 게다가 청동이며 황금, 직물 등 많은 선물들까지 주셨단다. 그 선물들은 아테나 여신이 동굴에다 숨겨 두었단다. 자, 이제 우리의 앞날에 대해 이야기해 보자. 구혼자들에게 복수를 해야지. 말해 보거라, 대체 구혼자들이란 어떤 놈들이냐? 그리고 몇 명이나 되고 이름은 무엇이냐?"

"아버님, 저는 어릴 적부터 아버님의 위대하신 명성을 들었습니다.

아버님의 창 솜씨와 칼 솜씨는 누구도 따르지 못할 정도로 뛰어나시
다는 걸 잘 알고 있습니다. 하지만 우리 둘의 힘만으로는 구혼자들을
당해 내기 어렵습니다. 그들은 한두 명이 아니랍니다. 그들은 자그마
치 100명이 넘습니다. 그들은 하나같이 건장하고 뛰어난 무사들입니
다. 만약, 그들 모두가 한자리에 있을 때 덤볐다가는 틀림없이 우리가
죽고 말 것입니다. 우리는 누군가 우리를 도와줄 사람을 찾아야 합니
다."

"물론 우리를 도와주는 분이 있단다. 그들은 바로 아테나 여신과 제
우스 신이란다. 어떠니, 그 분들이라면 충분하지 않겠니?"

"아테나 여신과 제우스 신이라고요? 그 분들이라면 물론 충분하지요.
제우스 신은 인간은 물론, 다른 신들까지도 지배하는 분이니까요."

텔레마코스의 얼굴에는 감탄의 빛이 떠올랐다. 오디세우스의 말에 힘
을 얻은 듯하였다. 오디세우스는 계속해서 말을 이었다.

"지금부터 내 말을 잘 들어라. 우리는 아주 신중하게 행동해야만 한
다. 너는 날이 밝거든 집으로 가도록 하거라. 물론 내가 왔다는 말은
아무에게도 하면 안 된다. 어머니도 모르게 하거라. 유메우스에게도
아직 내 정체를 밝히지 말아라. 나는 다시 병든 늙은이로 변신해서
나중에 유메우스와 함께 집으로 갈 것이다. 내가 구혼자들에게 어떠
한 수모를 당하더라도 너는 모른 체해야만 한다. 나를 집어들어 궁
밖으로 내던진다 해도 그들에게 검을 휘두르면 안 된다. 그들이 심하
게 굴 때, 그저 좀 점잖게 행동하라고 주의를 주는 정도로만 나서야
한다. 그리고 너는 내가 신호를 하면 아무도 모르게, 집 안에 있는 무
기들을 하나도 빠짐없이 창고에 집어넣도록 하여라. 만약, 구혼자들
이 무기가 없어진 것을 눈치챘다면 적당히 둘러대도록 하여라. 그러
나 우리가 사용할 무기는 은밀하게 감추어 놓아야 한다. 위급할 때

손에 잡을 수 있도록 가까운 곳에 말이다. 자, 내 말을 명심해야 한다."

"네, 하나도 빠짐없이 새겨들었습니다. 아버님이 시키신 대로 신중하게 행동하겠습니다."

두 사람은 다시 집안 이야기로 돌아가, 오랫동안 이야기를 나누었다. 그 무렵, 돼지치기 유메우스는 오디세우스의 아내인 페넬로페 왕비에게 소식을 전하고 있었다.

"왕비님, 텔레마코스 왕자님께서 스파르타에서 무사히 돌아오셨습니다."

유메우스는 텔레마코스가 말한 대로 페넬로페 왕비에게만 텔레마코스의 귀국 소식을 전하고 곧바로 집으로 돌아왔다.

구혼자들

구혼자들은 해안에서 한 척의 배를 발견하고, 그것이 텔레마코스가 타고 온 배라고 생각하였다. 구혼자들 사이에는 혼란이 일어났고, 기가 꺾여 궁중에서 나와서 커다란 궁중의 벽을 지나 문간 앞에 앉아서 회의를 열었다. 그 중 한 사람이 분하다는 표정을 지으면서 먼저 말하였다.

"일이 이렇게 되면 안 된다고 하지 않았소? 우리들 몇 명이 배를 타고 바다 한가운데로 나가 그를 기다리고 있었소. 내내 바다 위에서만 머물며, 그가 돌아오는 길목을 지켰어요. 그런데 텔레마코스 일당이 눈치를 챘던 모양입니다. 녀석들은 교묘하게 우리를 따돌리고 이타카로 들어왔어요. 지금이라도 텔레마코스를 잡아서, 놈이 마을 사람들을 선동하지 못하도록 합시다. 마을 사람들 중에는 우리를 싫어하는 사람들이 많이 있으니 말이오. 일이 이렇게 꼬이면 허사가 되고 말 것입니다."

"옳은 말이오. 그렇게 해야 합니다!"

여러 사람들이 이 말에 동의하였다. 텔레마코스를 바다에서 놓친 것을 이를 갈며 분하게 여겼다. 그러나 그들 중에는 그 일을 못마땅하게 생각하는 사람도 있었다. 안티노스가 입을 열었다.

그는 점잖은 사람으로 구혼자들을 이끌고 있었다. 그는 또한 믿음이 가도록 이야기를 잘해서, 구혼자들 중에 페넬로페 왕비의 호의를 사는 유일한 사람이었다.

"내 생각에는 텔레마코스를 죽이는 것은 현명한 행동이 아닌 것 같습니다. 그는 이 나라의 왕자님입니다. 함부로 죽였다가는 나중에 어떤 일이 벌어질지 모릅니다. 우리는 먼저 신의 뜻을 알아보도록 합시다. 신들의 뜻을 확실히 알기 전에는, 그런 무모한 행동은 하지 않는 것이 좋다고 생각합니다."

이렇게 의견이 분분해지자 구혼자들은 좀처럼 행동을 통일하기가 힘들었다. 구혼자들은 일단 오디세우스의 집으로 돌아가기로 하였다.

마침 그들의 말을 엿듣고 온 시녀로부터 아들을 죽이려고 계획한다는 말을 전해들은 페넬로페 왕비는, 구혼자들이 집으로 몰려오자, 그 앞으로 나가 말하였다.

"안티노스, 당신은 판단력이나 언변으로 보아 그 중 가장 으뜸이라고 생각했는데, 어찌 이 나라의 왕자를 죽이려고 합니까? 당신들은 미쳤어요. 미치지 않고서는 한 나라의 왕비를 이토록 괴롭히고도 모자라, 왕자를 죽이려고 한단 말입니까?"

안티노스가 말하였다.

"현명하신 왕비님, 상심하지 마십시오. 제가 살아 있는 한, 왕자님께서는 무사하실 겁니다. 하지만 운명이 다하여 죽는 것은 우리 인간의 힘으로는 어쩔 수 없는 일 아니겠습니까? 최소한 우리 구혼자들을 의심하지 마시고 공포감을 버리십시오."

안티노스는 이렇게 페넬로페 왕비를 안심시켰다. 침실로 돌아간 페넬로페는 오디세우스를 그리워하며, 또한 아들에 대한 불안감으로 소리내어 울었다.

날이 어둑어둑해지자, 유메우스도 자신의 오두막집으로 돌아왔다. 유메우스가 돌아오기 전에 다시 변신을 한 오디세우스는, 텔레마코스와 유메우스와 함께 저녁 식사를 하면서 집안 소식을 들었다. 텔레마코스가 먼저 입을 열었다.

"그래, 어머니는 잘 계시던가요? 나를 죽이기 위해 숨어 있던 놈들은 어찌 되었는지요? 그리고 마을의 소문은 어떻습니까?"

"왕비님은 별일 없으십니다. 물론 구혼자들 때문에 겪는 마음 고생은 여전하시고요. 그리고 구혼자들은 왕자님이 돌아오신 것을 눈치챈 것 같습니다. 제가 돌아오는 길에 보니까, 여러 명의 구혼자들이 해안에서 서성거리고 있었어요."

오디세우스와 텔레마코스는 이 말을 듣고 서로 빙그레 웃었다.

다음 날 아침 날이 밝자, 텔레마코스는 신발 끈을 튼튼히 매고, 손에 잘 맞는 육중한 창을 들고 궁전으로 갔다. 웅장한 궁전에 이르러 텔레마코스는 창을 들어 커다란 기둥 옆에 세워 두고 궁전 안으로 더욱 깊숙이 들어갔다.

텔레마코스가 집으로 돌아온 것을 가장 먼저 발견한 사람은 유모였다. 유모는 그를 보자마자 한걸음에 달려와 부둥켜안고 흐느꼈다. 유모의 목소리를 들은 페넬로페 왕비도 아래층으로 내려왔다. 페넬로페는 눈물을 글썽이며 아들을 맞이하였다.

"나의 아들 텔레마코스, 이제야 돌아왔구나! 아버지의 소식을 듣기

위해 나에게는 알리지도 않고 스파르타로 떠났다는 말을 듣고, 너를 다시는 못 볼 줄 알았다. 얼마나 걱정했는지 모른다. 그래, 얼마나 고생이 많았느냐? 그리고 아버지 소식은 듣기라도 했는지 궁금하구나! 어서 말을 해 다오.”

“어머니, 너무 보고 싶었습니다. 이제 진정하세요. 차근차근 다 말씀드리겠습니다. 우선 목욕을 하고 깨끗한 옷으로 갈아입고 싶습니다. 신들께서 우리를 도와주시니 아무 걱정 마세요. 모든 일들이 잘될 겁니다. 조금만 기다려 주세요.”

텔레마코스는 어머니 페넬로페를 방으로 들어가게 하였다. 그리고 긴 창을 든 채 거실로 갔다. 그를 본 구혼자들이 한쪽에 모여 웅성거렸다. 몇 명은 다가와 다정한 체하며 인사를 건네 오기도 하였다. 텔레마코스는 그들을 무시하면서 안으로 들어갔다. 텔레마코스는 목욕을 하고 산뜻하게 옷을 갈아입었다. 그런 다음, 페넬로페에게 스파르타에 다녀온 이야기를 해 주었다. 그는 모든 이야기들을 숨김없이 다 했지만, 오디세우스를 만났다는 이야기는 하지 않았다.

구혼자들은 궁전 앞에서 자기들끼리 어울려 여러 가지 놀이를 하고 있었다. 그들은 창이나 원반을 던지며 서로 장기를 자랑하고 있었다. 그러다가 저녁 식사 시간이 되자 모두 궁전 안으로 들어왔다. 그들은 마치 자기 집이나 되는 것처럼 아무 곳이나 자리를 잡고 앉아서 잔치를 벌였다. 거기에다 각기 자기 자랑을 늘어놓거나, 남을 험담하며 시끄럽게 굴었다.

오디세우스는 그 시간에, 유메우스와 함께 궁전을 향하여 출발하였다. 오디세우스는 지팡이를 짚고, 넝마나 다름없는 초라한 자루를 어깨에 메고 거리로 나섰다. 누가 보아도 거지로 볼 수밖에 없는 초라한 모습이었다.

두 사람이 마을에 들어서서 우물가를 지날 때였다. 거기에서 그들은 염소치기들을 만났다. 염소치기들은 구혼자들의 잔치에 쓰일 염소를 몰고 가는 길이었다. 그들은 오디세우스와 유메우스를 보고는 마구 놀려 댔다.

"저놈들 좀 봐, 정말 형편없군! 신들께서는 언제나 비슷비슷한 놈들끼리 어울려 다니게 하거든. 여보게, 유메우스! 자네는 혼자로는 부족해서 거지를 데리고 다니는 건가? 보아하니 남의 잔치에 끼어들어 빵 조각이라도 얻어먹으려고 하는 모양인데, 차라리 시내를 돌며 구걸을 하는 게 나을 거야. 내가 분명히 말해 두는데, 저 더러운 거지가 행여 오디세우스 궁전으로 들어오기만 한다면 그냥 놔두지 않을 것이야."

말을 마치고 염소치기 중 한 사람이 오디세우스의 엉덩이를 걷어차기도 하였다. 오디세우스는 그들에게 달려들어 허리라도 분질러 놓고 싶었지만 꾹 참았다. 대신 유메우스가 그들에게 말하였다.

"오디세우스님만 돌아오시면 너희들은 혼날 줄 알아라. 지금은 그렇게 건방지게 굴고 있지만, 언젠가는 후회하게 될 거야."

그러자 다른 염소치기가 발끈하며 말하였다.

"너야말로 함부로 말을 하는구나! 내가 언젠가는 네 녀석을 배에 실어서 멀리 보내 버리마. 너뿐만 아니라 텔레마코스도 얼른 구혼자들이 죽여 버렸으면 속이 다 시원하겠다. 저 오디세우스가 당한 재난처럼 말이야."

염소치기들은 염소를 몰면서 빠른 걸음으로 앞서 걸어갔다. 오디세우스와 유메우스는 천천히 그 뒤를 따라갔다. 먼저 궁전으로 들어간 염소치기들은 구혼자들 사이에 끼어 앉아서 정신없이 음식을 먹었다.

오디세우스는 조금 늦게 궁전에 도착하였다. 이들 두 사람이 도착하였을 때는, 한창 신나는 노랫소리가 울려 퍼지고 있었다. 오디세우스는 유메우스의 손을 잡으며 말하였다.

"유메우스, 여기가 바로 오디세우스님의 궁전이군요. 여러 집들 중에서도 제일 눈에 띄는 정말 훌륭한 집이군요. 벽과 대들보, 모든 것이 훌륭합니다. 안에서는 벌써 잔치가 시작되었나 봅니다. 고기 굽는 냄새와 하프 소리가 들리는 걸 보니 틀림없습니다. 그렇지요?"

"참으로 총명하십니다. 이미, 저 안에서는 구혼자들이 모여서 잔치를 벌이고 있습니다. 이제 우리가 해야 할 일들이나 계획을 세우도록 합시다. 당신이 먼저 들어가서 저 구혼자들과 합류하겠소? 아니면 내가 먼저 들어갈까요? 여기 이러고 있다가는 언제 화를 당할지 모르니 어서 움직여야 합니다."

"그럼, 당신이 먼저 들어가시지요. 나는 나대로 생각이 있습니다. 여기 남아 있다가 천천히 들어가겠습니다. 그리고 제 걱정은 할 필요 없습니다. 그 동안 워낙 고생을 한 까닭에 이제 두려울 것이 없답니다. 내 몸 하나는 어떻게든 지킬 자신이 있으니 걱정하지 마십시오."

두 사람이 이런 이야기를 주고받고 있을 때, 문 안쪽에서 개 한 마리가 고개를 흔들었다. 그 개는 아르고스였다. 오디세우스가 떠나기 전부터 기르던 개였다. 하지만 이제는 너무 늙었고, 주인이 떠나서 아무도 돌보지 않고 있었다. 아르고스는 한쪽 구석에 웅크리고 있다가 오디세우스를 보았다.

아르고스는 그가 예전의 주인인 것을 알아보고는 꼬리를 흔들었다. 그러나 오디세우스에게 다가올 힘이 없었다. 오디세우스는 그 모습을 보자 코끝이 시큰해졌다. 유메우스는, 오디세우스가 아르고스를 보고 있는 것을 보고는 말하였다.

"저 개는 주인님의 사냥개였습니다. 당신은 저 개가 한참 자랄 때의 모습을 보았다면 아마 놀랐을 겁니다. 잘생기고 냄새도 예리하게 맡았지요. 또 얼마나 빠르고 힘이 좋았는지, 저 개가 한번 노린 짐승은 결코 도망갈 수 없었지요. 이제 주인님은 먼 타국에서 행방불명되시고, 저 개도 누구 하나 돌봐 주지 않고 있답니다."

유메우스는 이렇게 말하고 나서 궁전 안으로 들어갔다. 유메우스를 가장 먼저 본 사람은 텔레마코스였다. 텔레마코스는 눈짓으로 유메우스를 불러 식탁 앞에 앉게 하였다. 잠시 후, 오디세우스도 궁전 안으로 들어갔다. 오디세우스는 늙고 초라한 모습으로 지팡이를 짚고 들어가, 한쪽 구석에 있는 기둥에 기대어 앉았다.

텔레마코스는 오디세우스가 들어오는 것을 보았다. 그는 약간의 음식을 챙겨 유메우스에게 내밀며 말하였다.

"이 음식을 저 손님에게 갖다 드려요. 그리고 저 손님에게 말해서 가만히 있지 말고, 구혼자들에게 돌아다니며 동냥을 하라고 하시오. 수줍어하는 것은 아쉬운 사람에게는 이롭지 못한 법이오."

유메우스는 텔레마코스의 지시대로 오디세우스에게 가서, 음식을 내밀면서 말을 전하였다. 이 말을 들은 오디세우스는 고개를 끄덕이고 나서 기도를 하였다.

"제우스 신이여! 부디 저 인자하신 텔레마코스 왕자님께 복을 주십시오. 마음에 바라는 일이 모두 이루어지게 해 주십시오."

오디세우스는 기도를 하고 음식을 다 먹은 후, 자리에서 일어나 구걸을 하기 시작하였다. 그는 오래 전부터 구걸을 해 온 사람처럼 능숙하게 행동하였다. 홀 안에서는 시인들이 노래를 부르고 있었다. 사람들은 그에게 음식물을 이것저것 던져 주었다. 그리고 어디서 왔느냐는 둥, 장난스럽게 몇 마디 물어보기도 하였다.

그 때 염소치기가 사람들을 향하여 말하였다.

"나는 아까도 저 사람을 보았습니다. 돼지치기인 유메우스가 이리로 데리고 왔습니다."

그러자 안티노스가 이맛살을 찌푸리며 유메우스에게 말하였다.

"이봐, 돼지치기! 자네는 이런 거지를 왜 여기까지 데리고 왔나? 그렇지 않아도 이 마을에는 거지나 부랑자가 많은데, 그것만으로 부족하였던가? 아니면 거지들을 불러모아, 자네 주인의 식량을 축내고 싶기라도 한 건가?"

안티노스로부터 꾸중을 들은 유메우스는 단호하게 말하였다.

"안티노스님, 훌륭하신 분께서 말씀은 점잖지 못하게 하시는군요. 제가 거지를 일부러 불러모아 식량을 축내게 한다는 말입니까? 당신은 언제나 오디세우스님의 하인들에게는 심하게 말씀하시더군요. 저는 더 말하지 않겠습니다. 아무튼 이 곳은 오디세우스님의 궁전이고, 텔레마코스 왕자님이 계시는 한, 저는 누구의 말도 상관치 않을 것입니다."

그 때 텔레마코스는, 유메우스가 봉변을 당할까 봐 염려되어 얼른 말을 가로막았다.

"유메우스, 그 사람에게는 긴말을 하지 마세요. 저 사람은 항상 꼴사나운 말솜씨로 남을 헐뜯는 사람입니다. 그것이 안티노스의 습성입니다. 상관하지 마세요."

그리고는 이어서 안티노스를 향하여 말하였다.

"안티노스님, 이렇게 우리 식량이 축나는 것까지 염려해 주시니 감사합니다. 하지만 그 점은 당신도 마찬가지 아닙니까? 당신 역시, 허락도 없이 우리의 식량을 축내러 왔으니까요."

그 말을 들은 안티노스는 얼굴이 붉으락푸르락해지더니 큰 소리로 말하였다.

"정말 방자한 말을 하는군! 우리가 이렇게 모여들어 집을 지켜 주고 있는데, 그 은혜도 모르고 말이 너무 심하군. 저 거지는 이미 음식을 많이 얻었어. 아마 앞으로 얼마 동안은 먹을 것을 걱정하지 않아도 될 거야. 그런데 자네는 저 거지가 불쌍하다는 말인가?"

텔레마코스는 황급히 말하였다.

"안티노스님, 당신은 아버지가 자식을 보살피듯 저를 훌륭하게 보살펴 주셨습니다. 억압적인 말씀으로 손님을 내쫓으라고 하시다니! 신들이 보고 계십니다. 음식을 좀 나누어 주시지요."

"텔레마코스, 기고만장하여 버릇없이 굴며 입을 함부로 놀리는 저 자에게 구혼자들이 모두 적선을 한다면, 얼마 안 가서 저런 자들이 이 집안의 음식을 모두 먹어치울 걸세."

이 때 오디세우스가 안티노스 옆으로 다가갔다. 그러더니 허리를 숙이며 말하였다.

"나리께서는 여기 계신 분들 중에서도 가장 훌륭한 분으로 보이는군요. 마치 왕처럼 보입니다. 친절하신 분이시여! 저에게 음식을 적선해 주십시오. 당신은 고귀한 분이시니, 남들보다 더 많은 적선을 해 주시리라 믿습니다. 그러면 저는 세상 곳곳을 다니며, 당신에 대한 칭송을 아끼지 않겠습니다. 한동안은 저도 부유한 집에서 호화로운 생활을 하면서, 남들에게 적선도 베풀고 살았답니다. 거느리는 일꾼도 많았고, 재물도 흘러넘치도록 많았답니다. 그런데 제우스 신께서 그것을 다 빼앗아 갔답니다. 그래서 이렇게 여러 나라를 떠돌며 구걸하는 신세가 되었습니다."

오디세우스의 말이 끝나자, 안티노스는 못마땅한 표정으로 버럭 소리를 질렀다.

"도대체 이런 귀찮은 놈을 누가 데리고 왔단 말인가! 이놈의 거지는 행색만 더러운 게 아니라 몹시도 뻔뻔스럽다. 누가 네놈의 지저분한 과거를 듣고 싶다고 했느냐? 내 앞에서 얼쩡거리지 말고 멀리 꺼져라!"

안티노스는 소리를 질렀지만, 오디세우스는 뒤로 약간 물러났을 뿐 여전히 이야기를 계속하였다.

"당신은 보기와 달리 너그럽지 못한 사람이군요. 적선을 원하는 사람에게 소금 한 톨도 주지 못한다는 말입니까? 당신 자신도 남의 집 음식으로 식사를 하고 있는 것 아닙니까? 그런데 그 많은 음식들 중에서 조금도 나누어 주지 못한단 말입니까?"

"뭐라고? 이런 건방진 놈을 보았는가! 나를 조롱하고 있지 않나? 그렇게 말하고 네놈이 무사하기를 바랐더냐?"

안티노스는 화가 치밀어 벌떡 일어났다. 그러더니 발밑에 있던 발판을 들어, 오디세우스의 등을 후려갈겼다. 오디세우스는 발판을 맞고도, 끄떡도 하지 않고 버티고 서 있었다. 그렇게 아무 말도 하지 않고 있다가, 다시 문간으로 가서 바닥에 동냥자루를 내려놓으면서 큰 소리로 말하였다.

"여러 훌륭한 구혼자님들, 아시다시피 저는 굶주림을 면하기 위하여 음식을 구걸한 것뿐입니다. 그런데 저 안티노스는 저를 발판으로 후려갈겼습니다. 저는 이 자리에서 신들에게 기원합니다. 복수의 신이 계시다면, 부디 저 안티노스가 결혼하지 못하고 죽게 되기를 바라나이다."

이 말을 들은 안티노스는 오디세우스를 노려보며 소리쳤다.

"이놈! 잠자코 앉아서 구걸한 음식이나 먹도록 하거라. 한 번 더 주둥이를 놀렸다가는, 다시는 말을 못하게 만들어 주겠다."

몇몇 구혼자들은 안티노스가 너무 심하게 군다고 수군거렸다.

그러더니 그 중 한 사람이 안티노스에게 말하였다.

"안티노스, 저 가엾은 거지를 때린 것은 아무래도 옳은 일이 아닙니다. 어쩌면 저 늙은 거지는 신이 변장을 한 것인지도 모르잖아요. 그렇다면 당신은 처벌을 받을 거요. 신들은 종종 인간으로 변신을 해서 세상을 떠돌아다니다가, 선한 자와 악한 자를 구별해 내어 벌을 내리기도 한답니다."

이렇듯 구혼자들이 안티노스를 타일렀지만, 안티노스는 그들의 조언을 들으려고 하지 않았다. 텔레마코스는 아버지 오디세우스가 겪는 수모를 보면서, 너무나 가슴이 아팠다. 그렇지만 눈물을 흘릴 수는 없었다. 다만, 속으로 복수를 위해 이를 악물었다.

오디세우스가 매를 맞았다는 이야기는 위층에 있는 페넬로페 왕비에게도 전해졌다. 물론 페넬로페는 그 늙은 거지가 남편 오디세우스라는 것은 몰랐다. 다만, 자기 집에 온 손님이 매를 맞았다는 것이 가슴 아팠다. 페넬로페는 안방에 앉아서, 시녀들과 이런 현실을 한탄하였다.

"유모, 그들 모두가 증오스러워요. 그들의 행동은 죄를 받아 마땅해요. 가련한 손님이 우리 집을 찾아와서 구걸한다면, 모든 사람들이 음식을 나누어 주어 배를 부르게 해 주어야 하건만, 안티노스는 어떻게 발판으로 손님을 후려칠 수가 있을까요?"

페넬로페는 유메우스를 불러 조용히 말하였다.

"유메우스, 안티노스에게 맞았다는 그 손님을 좀 데려와 주게. 그 사람이 여러 도시를 떠돌아다녔다니, 혹 오디세우스님의 소식을 알지도 모르지 않겠나? 내가 몇 마디 물어보고 싶으니, 어서 데리고 오게."

"왕비님, 사실 그 손님의 말을 들으시면 왕비님도 황홀하실 겁니다. 저는 사흘 동안 그 사람과 함께 지냈답니다. 저의 오두막에서 그 사람을 모셨지요. 그러나 사흘 내내 자기의 고난 이야기를 해 주었는데, 아직도 끝내지를 못했습니다. 그리고 여러 곳을 돌아다니면서 오디세우스님을 본 적이 있다고 자기 입으로 말한 적이 있습니다만, 어쩐지 그 말을 믿기가 힘들더군요. 진실한 사람 같아 보이기는 하지만……. 오래 전이 아니라, 바로 얼마 전까지도 주인님을 보았다고 말하고 있습니다."

"그게 정말인가? 그렇다면 어서 데리고 오게. 내가 직접 그의 말을 들어보고 싶네. 다만, 쓸데없는 소문이 나지 않도록 은밀히 데리고 오게나."

유메우스는 곧 오디세우스에게 달려가 페넬로페의 말을 전하였다.

"손님, 이 곳의 안주인인 페넬로페 왕비님께서 당신을 찾으십니다. 아마도 오디세우스님에 대하여 물으실 겁니다. 만일 당신이 내게 했던 말이 거짓이 아니라면, 당신은 좋은 선물을 받으실 겁니다."

오디세우스는 잠시 생각하더니 이렇게 대답하였다.

"나는 거짓말을 하지 않는답니다. 나는 당장이라도 올라가서 페넬로페 왕비님께 내가 보고 들은 것을 말하고 싶소이다. 그러나 지금은 안 되겠군요. 저 못된 구혼자들이 어떻게 나올지 걱정됩니다. 페넬로페 왕비님께 말씀드려 주십시오. 급하시더라도 조용해질 때까지 기다려 달라고 말입니다. 이따가 해가 지고 조용해지면 꼭 찾아뵙겠다고 말씀드려 주십시오. 그 때 모든 것을 말씀드리겠습니다."

유메우스가 이 말을 전하려고 페넬로페에게 가자, 그녀가 대뜸 물었다.

"아니, 그 손님은 왜 모셔오지 않았나? 그 손님이 오지 않겠다고 하던가? 아니면 그 손님에게 무슨 일이라도 생겼나? 그것도 아니라면, 어떤 사람을 두려워한단 말이오? 아니면 궁전이라서 수줍어한단 말이오? 집도 없이 떠돌아다니는 사람이 수줍어한다는 것은 말도 안 되오."

"아닙니다. 생각이 깊은 그 사람은 만약을 대비해서, 해가 질 때를 기다리겠다고 했습니다. 지금은 상황이 좋지 않으니 저녁에 뵙겠다는 말입니다. 제 생각에도 그 때 만나보시는 게 좋을 듯싶습니다."

페넬로페는 잠시 골똘하게 생각하는 듯하더니, 이윽고 낮은 목소리로 말하였다.

"그 손님의 말을 따르는 것이 좋겠군. 어떤 분인지는 모르지만, 생각이 깊고 현명한 사람인 것 같군. 그래, 기다려 보도록 하지."

유메우스는 다시 연회장으로 내려와서, 사람들이 듣지 못하도록 머리를 바싹 수그리고 텔레마코스에게 황급하게 말하였다.

"왕자님, 저는 그만 저의 일인 돼지를 돌보러 갈까 합니다. 여기의 모든 일은 신께서 보살펴 주실 겁니다. 그저 몸조심하십시오."

유메우스는 마음껏 먹고 마신 후에 이렇게 말하고는, 춤과 노래를 즐기면서 흥청대는 왕궁의 홀을 떠나 자신의 오두막으로 향하였다.

벌써 어둠이 짙게 깔려 있었다.

거지 이로스

날이 저물어 갈수록 구혼자들은 더 흥이 나 있었다. 그 때 연회장 안으로 거지 한 명이 들어왔다. 그는 이로스라는 거지로, 이타카 시내를 돌면서 구걸하는 사람이었다. 그는 큰 몸집을 가지고 있었지만, 힘도 근육도 배짱도 없는 거지였다. 다만 염치는 좋아서, 아무 데나 쫓아다니며 구걸을 하는 사람이었다. 또 그는 누구의 심부름이든 다 해 주었다.

그는 오디세우스를 궁전에서 몰아내라는 구혼자들의 부탁을 받고, 궁전 안으로 들어온 것이었다. 그래서 오디세우스를 보자마자 대뜸 욕설부터 퍼부었다.

"이 늙은이야, 당장 여기서 나가지 못해! 여기가 어디라고 함부로 들어와 구걸을 하는 거야. 내 주먹에 쓰러지기 전에 썩 나가거라! 모든 사람들이 네놈을 끌어내라고 나에게 눈짓하면서 명령한 것을 모르고 있단 말이야?"

오디세우스는 거지에게 난데없는 욕설을 듣고 어이가 없었다. 그러나 당당하게 말하였다.

"나는 너에게 아무런 해도 입히지 않았어. 만약 네가 나보다 많은 음식을 얻게 된다 할지라도, 나는 결코 샘을 내지 않을 것이야. 그런데 너는 왜 나한테 함부로 구는 건가? 이 곳은 우리 두 사람이 있더라도 아무 지장이 없을 만큼 크고 넓지 않은가? 보아하니 너도 나와 마찬가지로 거지에 불과한데, 그렇다면 조용히 음식이나 얻어먹는 것이 좋을 거야. 괜히 나에게 주먹을 휘둘러 대며 도전하지는 마라. 나의 화를 돋우는 것밖에 안 되니까. 나는 비록 너보다 늙었지만, 아직은 너 따위는 충분히 이길 수 있거든. 그러니 함부로 행동하지 마라. 너를 다시는 오디세우스님의 왕궁으로 들어오지 못하게 할지도 모르니까."

오디세우스가 거침없이 말하자, 이로스는 정말 화가 나서 말하였다.

"다 늙어빠진 놈이 말하는 것 좀 보게. 정 너의 소원이라면, 내가 너의 이빨을 몽땅 부러뜨려 주겠다. 아니면 다리를 분질러 줄까? 자, 말로만 큰소리치지 말고 이리 오너라. 자, 준비하시지. 마침 여기 계신 분들이 우리의 결투를 구경하실 테니 말이야. 그러나 젊은이에게 대항해서 싸울 힘이 있을까? 내가 너의 버릇을 당장에 고쳐 주겠다."

두 사람이 말다툼하는 광경을 구혼자들은 흥미롭게 지켜보고 있었다. 그 중에서도 안티노스는 통쾌하다는 듯이 크게 웃으며 말하였다.

"여러분, 우리에게 재미있는 구경거리가 하나 생겼구려. 이 지방의 거지인 이로스와, 다른 곳에서 온 거지가 서로 잘났다고 다투고 있습니다. 이로스, 누가 이기는지 어디 한번 해 보아라!"

안티노스의 말을 듣고는 모두 박장대소하면서 펄쩍 뛰었다.

사람들은 모두 두 거지의 주변으로 몰려들었다. 그러자 안티노스가 또다시 입을 열었다.

"여러분, 잠깐 내 말을 들으시오. 여기에 맛있는 염소 고기가 준비되어 있습니다. 이 싸움에서 승리하는 자에게 마음대로 고기를 먹게 하고, 앞으로 항상 그 자를 우리의 연회에 참석시키도록 합시다. 그 대신 싸움에서 패하는 자는, 다시는 이 곳에 발을 들여놓지 못하게 하는 거요. 어떻습니까?"

그러자 모두들 안티노스의 말에 찬성하였다. 오디세우스도 구경꾼들에게 말하였다.

"여러분, 이건 불공평합니다. 나처럼 늙은 사람이 어떻게 젊은 사람과 싸워 이길 수 있단 말입니까? 나는 다만, 저 못된 자가 하도 험한 소리를 하기에 나선 것뿐입니다. 그렇다고 싸움을 피하지는 않을 것입니다. 다만, 여러분이 약속을 하나 해 주십시오. 누구든지 저 이로스 편을 들어 나를 때려서는 안 될 것입니다. 우리 둘이 정정당당하게 싸우게 해 주십시오."

그들을 둘러싼 사람들은 모두들, 아무도 싸움에 끼여들지 않겠다고 약속하였다. 이 때 텔레마코스도 나서서 한 마디 하였다.

"손님, 당신이 용감하게 싸움에 나선다니 말리지 않겠소. 그리고 방금 약속한 대로, 아무도 당신들의 싸움을 방해하거나 편들지 않겠소. 다만 그러한 자가 있다면, 그는 먼저 이 자리의 다른 많은 사람들과 싸워야 할 것이오. 지체 높은 안티노스님도 약속한 것이니, 아무도 어기지 않을 것이오."

사람들은 텔레마코스의 말에 고개를 끄덕이고, 동감을 표시하며 맹세하였다. 드디어 오디세우스가 한 걸음 앞으로 나섰다. 오디세우스는 입고 있던 겉옷을 벗어던졌다. 그러자 딱 벌어진 어깨와, 근육이 발달한 튼튼한 팔과 다리가 드러났다.

아테나 여신이 다가와서 오디세우스의 팔과 다리를, 굵게 해 주었기 때문이었다. 둘러서 있던 모든 사람들은 놀라는 듯했다. 전혀 뜻밖에도 오디세우스의 몸이 건장하자 당황하였다. 어떤 사람이 옆에서 오디세우스를 힐끗 쳐다보며 말하였다.

"이로스는 곧 엉망이 되겠군. 저 늙은이가 저토록 건장한 체격을 가지고 있을 줄은 몰랐어. 스스로 화를 불러들이고 말았어. 저 누더기 밑에 있는 다리 좀 봐!"

사람들은 모두 수군거렸다. 물론 가장 당황한 것은 이로스였다. 거지

이로스는 오디세우스의 체격과 근육을 보고는, 대번에 겁에 질렸는지 다리를 바르르 떨었다. 그러고는 주춤주춤 뒤로 물러났다. 그러나 사람들이 뒤를 막고 있어서 도망을 갈 수도 없었다. 잔뜩 겁먹은 표정을 하고 있는 이로스를 향하여 안티노스가 소리쳤다.

"이 허풍쟁이야! 저 늙은이가 뭐가 무서워서 벌벌 떨고 있단 말이냐? 그럴 바에는 아예 처음부터 나서지나 말 것이지. 내가 분명히 말해 두겠는데, 저 늙은이에게 패한다면 네 녀석을 검은 배에 실어서 에케토스 왕에게 보내 버리겠다. 그 왕은 인간만 보면 괴롭히는 무서운 자다. 그 왕은 아마도 무자비한 칼로 네 코와 귀를 잘라 개에게 던져 줄 것이다."

이 말을 들은 이로스는 더욱 떨리기 시작했다. 이로스와 오디세우스를 둘러싸고 있던 사람들은, 이로스를 오디세우스 앞으로 끌고 들어갔다. 오디세우스는 싸울 자세를 취하고 이로스를 쏘아보며, 이로스를 완전히 넘어뜨려 단숨에 죽여 버려야 하나, 아니면 가볍게 두들겨 땅바닥에 쓰러뜨리기만 할 것인가를 생각하였다. 오디세우스는 가볍게 넘어뜨리는 쪽으로 마음을 정했다.

구혼자들이 자신을 너무 경계하지 않도록 주의하고자 한 것이었다. 자세를 취한 이로스가 먼저 주먹을 휘둘러 오디세우스의 오른쪽 어깨를 쳤다. 그와 동시에 오디세우스는, 이로스의 귀밑을 너무 심하지 않을 정도로 쳐서 쓰러뜨렸다.

이것을 본 구혼자들은 낄낄대며 웃었다. 어떤 이는 발을 구르고 손뼉을 치며 좋아하였다. 오디세우스는 이로스의 다리를 잡아 밖으로 끌어내어, 정원 울타리에 기대어 놓았다. 그리고는 큰 소리로 호통을 쳤다.

"너는 돼지와 개가 들어오지 못하도록 여기에 앉아서 지키도록 하거라. 너처럼 형편없는 사람이 거지들의 우두머리 노릇을 하려 들다니,

그야말로 주제를 모르는 놈이구나. 또다시 내 앞에 나타났다가는 목이 부러질 것이다."

오디세우스는 다시 안으로 들어가서 자리에 앉았다. 구혼자들은 큰 소리로 웃으면서 이렇게 말을 걸었다.

"잘했네, 잘했어. 저 욕심쟁이 거지 녀석에게 본때를 보여 주었군 그래. 자네 정말 보통이 아닌데!"

안티노스는 약속했던 대로 염소 고기를 오디세우스에게 주었다. 그러자 그 옆에서 자리를 지키고 있던 암피노모스라는 사람이, 황금 잔에 술을 부어서 빵과 함께 권하였다.

"늙은 손님 만세! 지금은 비록 초라해 보이지만, 당신은 분명 과거에는 당당하게 살았던 사람 같구려! 부디 옛날의 행복을 찾으시길 바라오."

오디세우스는 술잔을 받으며 말하였다.

"암피노모스님, 당신께서는 이해심이 깊은 분 같습니다. 당신의 부친 또한 그러셨지요. 저는 당신 부친께서 얼마나 용감하셨는지에 대해 익히 들어 왔습니다. 당신은 정말 친절하신 분입니다. 그래서 말입니다만, 이 땅 위에 사는 생물들 중에서 인간처럼 어리석은 것은 없습니다. 인간은 자신이 잠시 후에 당할 재난도 알지 못하니까요. 언제까지고 자신의 영광이 계속될 줄 알고 기고만장하게 지내지요. 이 곳에 모인 구혼자들만 해도 얼마나 거만합니까? 저는 구혼자들께서 잘못을 범하고 있는 것을 눈여겨보았습니다. 가족과 고향을 오랫동안 떠나고 없는 사람의 부인을 괴롭히고, 재산을 빼앗으려 들다니 천벌을 받고도 남을 겁니다. 그 분은 분명 멀지 않은 곳에 계십니다. 이제 그만 돌아가십시오. 언제까지고 신이 이런 무례를 보고만 있을지 모르겠습니다. 또한, 여러분께서는 오디세우스님이 고향 땅에 돌아온다면 무사히 돌아갈 수 없을 겁니다."

암피노모스는 잔을 비우고 자리에서 일어났다. 그는 무거운 마음으로 홀에서 내려와 머리를 갸웃거렸다. 무언가 불길한 예감이 들었는지 수심이 가득한 표정이었다. 암피노모스는 연회장을 떠나 궁전 뜰을 거닐면서 깊은 생각에 잠겼다.

페넬로페

페넬로페 왕비는 늙은 시녀인 유리노메에게 말하였다.

"유리노메, 나는 구혼자들이 증오스럽기는 하지만, 전에 없이 구혼자들에게 나타나고 싶어. 그래서 내 아들에게 올바른 말을 해야겠어. 내 아들에게 저 악랄한 구혼자들과 절대 어울리지 못하도록 말이야. 그들은 입으로는 친절하지만, 뒤로는 모두 악한 마음을 가지고 있어."

유리노메가 말하였다.

"왕비님 말씀이 맞습니다. 그럼, 가서서 왕자님을 뵙고 여러 사람들 앞에서 말씀하세요. 다만, 곱게 화장을 좀 하세요. 눈물로 얼룩진 얼굴을 보여서는 안 됩니다."

페넬로페는 먼저 세수를 깨끗하게 하고 화장을 하였다. 페넬로페는 여전히 아름답고 우아한 모습이었다. 페넬로페는 연회장으로 내려왔다. 페넬로페는 구혼자들이 있을 때는 거의 밖에 나오지 않았었다. 그런데 그 날은 정말 뜻밖에 모습을 나타낸 것이었다.

그녀가 모습을 나타내자, 떠들썩하던 연회장이 갑자기 조용해졌다. 구혼자들은 페넬로페의 아름다움에 사로잡혀, 넋을 잃고 바라보기만 하였다. 페넬로페는 구혼자들을 거들떠보지도 않고, 곧장 아들에게로 다가갔다.

"텔레마코스, 언제나 정의롭고 현명하던 내 아들아! 그러나 너의 마음과 판단력은 더 이상 깊지가 못하구나. 어렸을 때만 해도 사리가 그렇게 밝던 너의 정의감은 어디로 갔느냐? 저기에 있는 저 늙은 손님이 여러 사람들로부터 모욕을 당했다는 이야기를 들었다. 우리 집에 들어오면 누구든지 동등한 손님이다. 그런데 저 손님이 모욕적인 대우를 받는 것을 보면서도 가만히 있었다니……. 그것은 우리 자신을 모욕한 것이나 마찬가지이다. 세상 사람이 이 사실을 알면, 우리 가문을 얼마나 욕하겠느냐?"

페넬로페의 꾸지람을 들은 텔레마코스는 조용히 대답하였다.

"어머니께서 저를 나무라시는 건 당연합니다. 저에게도 옳고 그른 일을 분별하는 능력은 있습니다. 그런데 이상하게도 오늘은 정신을 못 차리겠습니다. 사람들이 너무 많고 시끄러워서, 정신이 흐려진 것 같습니다."

두 사람이 이런 이야기를 나누고 있을 때, 구혼자들 중의 한 사람인 유리마코스가 다가왔다. 그는 은근한 미소를 지으면서 페넬로페에게 말하였다.

"페넬로페 왕비여! 당신은 정말 아름다우십니다. 만약 그리스 사람들이 모두 당신을 보게 된다면, 내일은 이 궁전이 구혼자들로 가득 차게 될 것입니다. 누구라도 당신을 한 번만 보면, 그 아름다움에 사로잡힐 수밖에 없을 테니까요. 왕비께서는 아름다움에서나 마음씨 면에서나 세상의 어느 여자와도 비교되지 않습니다."

"유리마코스님, 나의 아름다움은 내 남편인 오디세우스님이 이 섬을 떠나셨을 때 함께 떠나 버렸습니다. 물론 지금이라도 그 분이 돌아오신다면, 나는 다시 아름다워질 수 있습니다. 하지만, 이제 나는 슬픔만 더할 뿐입니다. 차츰 희망이 사라지고 있어요. 오디세우스님은 전

쟁에 나가면서 말씀하셨습니다. 전쟁에 나가는 자는 누구라도 죽을 가능성이 있다고. 더군다나 트로이 군대는 대단한 용사라서 어떻게 될지 모른다고. 그래서 만약 자신이 돌아오지 않는다면, 다른 사람과 결혼하라고 하셨습니다. 그러나 저는 그 말을 무시하면서 오직 남편만을 기다렸습니다. 그런데 불행하게도 이제 그렇게 되어 가고 있는 것 같군요. 언젠가는 여러분들 중의 한 사람과 재혼을 하지 않을 수 없는 운명이 찾아오고 있는 것 같습니다."

페넬로페의 이 말에, 그 곳에 있던 구혼자들의 얼굴에는 야릇한 미소가 떠올랐다. 그녀는 계속해서 말을 이었다.

"그런데 나는 여기 계신 분들에게 섭섭한 마음을 가지고 있습니다. 지금까지 구혼자들이 이렇게 한 예는 없었지요. 예로부터 그리스에서는 청혼을 하려면, 우선 훌륭한 선물을 준비하곤 했습니다. 그런데 지금 여러분은 어떻습니까? 선물은커녕 저희 집의 식량으로 잔치를 벌이고 있지 않습니까? 나로서는, 여러분들이 진정으로 나에게 구혼할 마음이 있는 것인지 믿을 수가 없습니다."

오디세우스는 이 말을 듣고 무척 기뻐하였다. 페넬로페가 단지 선물을 받으려고 그런 말을 하는 게 아니라는 것을 알았기 때문이었다. 페넬로페는 구혼자들에게 예의 없는 자들이라고 은근히 꾸짖고 있었던 것이다. 그 때 안티노스가 말하였다.

"지혜로운 페넬로페 왕비여! 당신의 말이 옳습니다. 당신에게 청혼을 하려는 사람들은 당연히 선물을 가지고 와야 합니다. 우리는 당장 선물을 준비하겠습니다. 당신께서는 그 선물을 받고, 우리의 정성을 알아주십시오. 저는 이 자리에서 분명하게 말합니다. 당신이 저보다 나은 남자와 결혼을 한다면 모르겠지만, 그 전에는 결단코 당신을 포기하지 않을 것입니다."

이렇게 안티노스가 말을 마치자, 구혼자들은 각기 하인들을 집으로 보내어 선물을 가져오게 하였다. 안티노스의 하인도 색깔이 찬란하게 아름다운 예복을 가져왔다. 그 옷에는 황금으로 된 브로치가 열두 개나 달려 있었다. 옷감 역시 최고급이었다.

그 밖의 다른 구혼자들도, 제각기 귀한 선물을 내놓았다. 금으로 만든 목걸이와 구슬을 촘촘히 박아서 우아함이 돋보이는 귀고리, 유난히 아름다운 보석으로 만든 목걸이도 있었다. 페넬로페는 시녀들을 시켜 선물을 자기 방으로 옮기게 한 다음, 구혼자들에게 인사를 하고는 연회장을 나가 버렸다.

페넬로페가 올라가고 나자, 다시 떠들썩한 잔치가 이어졌다. 사람들은 술을 마시면서 노래와 춤을 추며 잔치를 즐겼다. 이렇듯 흥이 익을 무렵, 밤이 되었다.

사방이 어두워지자, 궁전 여러 곳에 큰 촛불이 켜졌다. 오디세우스는 촛불을 켜고 있는 시녀들에게 말을 건넸다.

"오디세우스님의 시녀들이시여, 이제 내가 이 촛불을 지킬 테니까 안심하고 위로 올라가십시오. 올라가서 왕비님의 곁에서 물레를 돌리며 그 분의 슬픔을 위로해 주십시오. 나는 인내심이 많고 튼튼하니까, 내일 아침이 올 때까지 이 촛불이 꺼지지 않도록 지켜 드리겠습니다."

시녀들은 오디세우스의 말을 듣고 재미있다는 듯이 웃었다. 그런데 시녀 중의 한 사람인 멜란도는, 오디세우스에게 사납게 욕설을 퍼부었다.

"이 더러운 거지야! 어디에 와서 함부로 지껄이는 것이냐? 어디 빈 집이나 찾아가 누워 있을 것이지. 귀한 분들이 모여 있는 여기에 와서 설치고 있다니. 술을 잔뜩 먹더니 헛소리를 하는 거냐? 아니면 쓸데없는 말을 지껄이는 것이 습관이냐? 그래, 저 이로스를 때려눕혔으니 자신만만하다는 것이냐? 하지만 곧 이로스보다 힘센 자가 와서 네 놈을 혼내 줄 거다. 그러니 조심하는 게 좋을 거야."

이렇게 쏘아붙이자, 그녀를 바라보던 오디세우스는 울컥 화가 치밀어 그녀에게 소리를 질렀다.

"무례한 계집 같으니라고! 내가 당장 너의 못된 말버릇을 텔레마코스 님께 알리고 말 테다. 그리고 너의 팔과 다리를 잘라 버리라고 부탁할 것이다."

오디세우스가 이렇게 무섭게 말하자, 시녀들은 겁에 질려 후닥닥 밖으로 나가 버렸다. 다른 사람들도 오디세우스의 말을 듣고는 흠칫 놀라는 듯하였다.

이 때, 유리마코스가 일어나 오디세우스를 조롱하는 사람들에게 말하였다.

"모든 구혼자들이시여! 내 말을 들어주시오. 여기 이 늙은이는 자기가 마치 신이나 되는 것처럼 말하고 있습니다. 무엇 하나 볼품 없는 주제에 말입니다. 정말 더 이상은 못 들어 줄 정도로 잘난 척하고 있습니다. 그렇지 않습니까?"

사람들은 이 말에 배를 움켜쥐고 있었다. 유리마코스는 계속하여 말하였다.

"이봐, 늙은 떠돌이! 내 농장에 와서 하인이 될 생각은 없는가? 그렇다면 내가 후한 품삯을 지불하도록 하지. 담을 쌓을 돌도 모으고, 나무도 심고 말이야. 1년 동안은 그 곳에서 밥도 주고, 옷과 신발도 줄 테다. 여기저기 떠돌아다니면서 구걸하는 것보다는 낫지 않겠어? 하지만 이미 구걸하는 것을 배웠으니 일에는 관심이 없겠지? 너의 배고픈 창자도 고마워할 텐데 말이야. 그럴 생각이 없나?"

모두들 재미있어하며 오디세우스를 바라보았다. 오디세우스는 빙그레 웃으면서 유리마코스에게 말하였다.

"유리마코스님, 우리 두 사람이 밭일을 가지고 내기를 하면 어떻겠습니까? 둘 다 같은 연장을 가지고 누가 더 많은 일을 하는지 해 봅시다. 나는 당신보다 빠르고 훌륭하게 일할 자신이 있습니다. 또 만약, 지금 전쟁이 일어난다면 내 싸움 솜씨도 보일 수 있을 것입니다. 그러면 당신께서는 더 이상 나를 놀리지 못할 겁니다. 당신은 참으로 무례하시군요. 어찌 그렇게 함부로 말씀하십니까? 그건 형편없는 사람들하고만 사귀느라, 제대로 예의를 못 배웠기 때문이라는 것을 스스로 보여 주는 처사입니다."

오디세우스의 이 말에 유리마코스는 화가 머리끝까지 치밀었다.

"네 이놈, 참으로 건방진 놈이로구나! 아무리 술에 취했다 하지만, 높은 귀족들 앞에서 함부로 주둥이를 놀리다니. 내가 네놈의 버릇을 당장에 고쳐줄 것이다."

유리마코스는 이렇게 말하고 나서, 탁자 밑의 발판을 집어들어 오디세우스에게 던졌다. 그러나 오디세우스는 얼른 몸을 피했다. 유리마코스가 던진 발판은, 술을 따르는 시종의 오른팔에 맞고 탁자에 떨어졌다.

그 바람에 시종이 넘어지고, 술병도 여러 개나 깨졌다. 사람들은 얼른 일어나 탁자에서 멀리 떨어졌다. 그리고 서로 오디세우스에게 불평을 늘어놓았다.

"대체 저 늙은 거지 한 놈 때문에 이게 무슨 꼴이오! 아까 낮부터 계속 우리의 잔치를 방해하고 있지 않은가 말이야. 길거리를 헤매다 죽어 버리지 않고, 여기까지 와서 소란을 피우다니……."

그러자 텔레마코스가 사람들에게 말하였다.

"여러분, 당신들은 충분히 먹고 즐기지 않았습니까? 아마도 신께서 이제 그만 돌아가시라고 이런 일을 만드는가 봅니다. 나는 당신들을

쫓아내지는 않겠습니다. 하지만 이제는 돌아가시는 게 좋지 않겠습니까?"

텔레마코스가 노골적으로 나가 달라고 말하자, 구혼자들은 기분이 나빠졌다. 모두들 당장이라도 한마디 할 듯한 표정으로 텔레마코스를 노려보았다.

암피노스가 먼저 입을 열었다.

"동지들, 텔레마코스님의 말씀은 지당합니다. 누구도 화를 내거나 심하게 다투어서는 안 됩니다. 위대한 오디세우스님의 궁전에서 어떤 하인들에게도 마찬가지입니다. 자, 그럼 술이나 따라서 축배를 올리고 각기 돌아가서 잠이나 잡시다. 그리고 저 늙은이는 여기에 남든 말든, 이 집 주인이 알아서 하라고 놔둡시다. 텔레마코스가 저 늙은이 편을 들어준다고 해서 우리가 상관할 것 있습니까?"

이 말에 모두들 찬성하였다. 그래서 모두 술을 한 잔씩 돌리더니, 또다시 시끄럽게 떠들었다. 마음껏 술을 따라 마신 다음에야 구혼자들은 하나 둘씩 집으로 향하였다.

재 회

구혼자들이 모두 빠져 나가자, 시끄럽고 떠들썩하던 궁전이 드디어 조용해졌다. 궁전에는 오디세우스와 텔레마코스만이 남았다.

오디세우스는 조용히 앉아 생각에 잠겼다. 구혼자들을 처치할 방법을 궁리하고 있었던 것이다. 한참만에 오디세우스가 고개를 들고 입을 열었다.

"텔레마코스, 지금 곧 무기를 감추거라. 만약 나중에 구혼자들이 자기의 무기를 달라고 하거든 이렇게 말하여라. '여러분의 무기는 난로에서 나오는 연기 때문에 녹슬지 않도록 따로 보관해 두었습니다. 아버님의 무기도 아무렇게나 두었더니, 녹이 슬고 그을음이 심하게 끼어 못쓰게 되었지요. 그래서 여러분의 무기도 창고에 넣어 두었습니다. 그리고 여러분들이 혹시라도 술기운에 무기를 휘두르면서 싸움이라도 벌어진다면 어떻게 되겠습니까? 부상을 입고, 나쁜 평판이 나고, 그래서 당신들의 구혼이 망쳐지지나 않을까 하는 걱정 때문이었습니다.' 하고 잘 설득해서 말하도록 하거라."

텔레마코스는 오디세우스의 말에 따르기 위해 유모인 유리클레아를 불렀다.

"유모, 다른 시녀들은 모두 방 안에 들어가 있으라고 하세요. 나는 여기에 있는 무기들을 모두 창고로 옮길 것입니다. 아버님이 떠나신 후에 아무도 간수하지 않아서, 녹이 슬고 연기에 그은 아버님의 훌륭한 무기들을 창고로 옮길 겁니다."

"왕자님, 정말 세심하십니다. 집안의 물건을 중요하게 여기시는 걸 보니 왕자님은 훌륭하십니다. 그런데 누가 도와드릴 사람이 있어야 하지 않겠어요? 제가 시녀들을 시켜서 등불을 들어 드리도록 하겠습니다."

"아니오, 여기 이 손님께서 나를 도와주실 겁니다. 이 손님은 우리 집에 와서 음식을 드셨으니, 마땅히 내 일을 도와야 되지 않겠소? 그러니 유모는 사람들이 왔다갔다하지 않도록 해 주세요."

"왕자님의 말씀이 맞습니다. 집안의 재물을 소중하게 여기시고, 왕자님의 생각이 깊어서 저는 안심이 됩니다."

유리클레아는 시녀들을 방으로 들여보냈다. 그리고 자신도 안으로 들어가며 홀의 문을 잠갔다. 텔레마코스는 곧바로, 투구며 먼지가 잔뜩 낀 방패며 뾰족한 창들을 옮기기 시작하였다. 무기가 제법 많았으므로 시간이 꽤 오래 걸렸다.

"다 옮겼습니다. 이제는 어떻게 할까요? 아버님은 어디에 계실 겁니까?"

"쉬! 너는 이제 그만 올라가거라. 나는 여기에 있다가 네 어머니를 만나 보아야겠다. 네 어머니께서는 눈물에 젖어, 나에게 모든 것들을 물어볼 것이다. 나는 네 어머니가 나를 어떻게 생각하고 있는지, 좀 더 확실히 알아볼 생각이다."

오디세우스의 말을 듣고 텔레마코스는 자기 방으로 올라갔다. 안락한 방으로 들어간 텔레마코스는 기도를 하면서 새벽이 오기를 기다렸다.

오디세우스는 아무도 없는 연회장에 홀로 남았다. 텔레마코스가 올라가고 난 얼마 후에, 페넬로페가 시녀들과 함께 연회장으로 내려왔다. 시녀들은 왕비가 늘 앉던 화로 옆에 상아와 은을 사용해 만든 나선형의 의자 하나를 놓고, 의자 위에 커다란 털가죽을 깔아 놓았다. 여기에 페넬로페 왕비가 자리를 잡고 앉았다.

시녀들은 연회장 청소를 시작하였다. 시녀들은 홀의 여기저기에 흩어져 있는 음식 찌꺼기들이며 술잔을 부지런히 치웠다. 다른 시녀들은 오디세우스가 있는 것에 상관하지 않고 청소에만 열중했지만, 멜란도만은 오디세우스를 가만히 두지 않았다. 멜란도는 눈을 부라리면서 오디세우스에게 다가왔다.

"이봐, 늙은 떠돌이야! 대체 아직도 안 가고 여기서 무얼 하고 있어? 혼자 남아서 연약한 여자들에게 행패라도 부릴 속셈이냐? 이제 더 먹을 것도 없으니까 어서 나가. 당장 나가지 않으면, 불붙은 장작개비로 두들겨 내쫓아 버릴 테다!"

그러자 오디세우스는 이 무례한 멜란도를 향하여 조용히 말하였다.

"당신은 정말 이상하군. 왜 자꾸만 나를 괴롭히고 싶어하지? 내가 초라한 누더기를 입고, 곳곳을 구걸하며 다니기 때문에 내가 싫소? 하지만 어쩔 수 없는 일 아닌가? 이것이 집 없는 거지의 신세인걸……. 그러나 나도 한때는 부유한 집에서 호화로운 생활을 했지. 누구든 도움을 필요로 하는 사람이 내 집에 찾아오면, 나는 따뜻하게 대해 주었어. 하인도 많았고 아쉬울 게 없었어. 비록 지금은 내 꼴이 이렇지만, 그렇다고 당신이 나를 함부로 대하는 것은 옳지 못한 짓이야. 도대체 당신은 동정심이라곤 눈곱만큼도 없는 여자로군. 내가 충고 하나 하겠는데, 부디 당신 걱정이나 하시오. 오디세우스님이 돌아오시면 당신의 그 무례한 행동을 벌하실 테니까 말이야. 설사 그 분이 돌아오지 못한다 해도, 이제는 텔레마코스님이 어른이 아니신가? 그러니 이 궁전에 있는 시녀가 손님에게 함부로 구는 것을 결코 용서하지 않으실 거야."

그 때 옆에서 오디세우스의 말을 듣고 있던 페넬로페가 멜란도를 불렀다. 그러더니 호되게 꾸짖었다.

"멜란도, 너는 정말 예의도 없이 제멋대로구나. 나이든 손님에게 이렇듯 함부로 대하다니. 더욱이 내가 이 손님에게, 오디세우스님에 대해 물어보고 싶어하는 것을 너도 알고 있지 않느냐. 그런데 내 일을 훼방하려 들다니. 톡톡히 벌을 받아야만 하겠구나."

페넬로페는 이어서 늙은 시녀인 유리노메에게 말하였다.

"유리노메, 저 손님이 앉을 수 있도록 의자 하나를 가져오너라. 그리고 의자에 깔 양가죽도 준비하고, 나는 여기서 손님과 잠시 이야기를 나눌 것이다."

유리노메는 곧 페넬로페의 분부대로 의자를 가져와서 왕비 옆에 두었다. 그리고 의자에는 부드러운 양피를 깔아 두었다. 오디세우스는 시녀의 안내를 받으며 의자에 앉았다.

페넬로페가 먼저 다정한 목소리로 말을 꺼냈다.

"손님, 제가 먼저 당신께 몇 가지 물어보겠습니다. 당신은 누구이시며 어디에서 오셨습니까? 당신의 나라는 어디이며, 부모님은 또 누구신가요?"

"왕비님, 이 세상 방방곡곡에 왕비님을 칭찬하지 않는 사람이 없답니다. 당신은 신의 축복을 받으신 분이며, 앞으로도 행복하실 겁니다. 저에게 이렇게 잘 대해 주시니 저로서는 마땅히 감사를 드려야겠지요. 하지만 부탁드립니다. 제발 저의 과거와 신분에 대해서는 묻지 말아 주십시오. 그 이야기를 하자면 저는 너무나 슬퍼집니다. 다시 그 쓰라린 고통을 되새기고 싶지 않습니다. 제가 주책없이 눈물을 줄줄 흘린다면, 정말이지 그건 보기 흉한 모양이 아니겠습니까? 그런 이유로 저의 과거 이야기만은 하고 싶지 않습니다."

페넬로페는 알겠다는 듯이 고개를 끄덕였다. 그리고는 계속 말하였다.

"그렇다면 먼저 제 이야기를 하겠습니다. 저의 남편은 벌써 20년 전에 전쟁터로 가셨습니다. 그 때 이미 저의 아름다움과 행복은 다 사라져 버렸답니다. 지금이라도 그 분이 돌아오신다면 모든 게 잘 되겠지요. 하지만 이렇게 오래도록 저는 탄식을 하면서 지내고 있답니다. 아시다시피, 지금은 여러 곳에서 많은 구혼자들이 저의 집에 와 있습니다. 그들은 제 마음은 아랑곳하지 않고, 자기들 중에서 한 사람을 선택하여 결혼을 하라고 강요하고 있습니다. 저는 이제 그들을 아주 모른 체할 수는 없습니다. 그래서 한 가지 꾀를 생각해 냈어요. 저는 구혼자들에게 말했어요. '훌륭하신 구혼자 여러분, 당신들은 저에게 남편을 잊어버리고 결혼하라고 독촉하고 있습니다. 하지만 저에게 시간을 주십시오. 이 베를 다 짤 때까지 말입니다. 이 베옷은 돌아가신 오디세우스님의 장례식에 쓸 것이랍니다. 베옷도 없이 장례를 치를 수는 없는 일 아닙니까.' 하고 일단 구혼자들의 청혼을 뒤로 미루었습니다. 그 후로 저는 낮에는 베를 짜고, 밤에는 다시 그것들을 풀었습니다. 그러면서 시간을 벌어 보고자 했던 것입니다. 저는 그렇게 3년 동안이나 베를 짜 왔습니다. 그런데 마침내 그것조차 들켜 버리고 말았습니다. 구혼자들은 저를 책망하면서, 빨리 베를 짜라고 강요했습니다. 저는 할 수 없이 이 베옷을 다 만들었습니다. 하지만 이제는 더 이상 그들을 기다리게 할 수가 없답니다. 저는 곧 그들 중에 한 사람을 선택해야만 합니다. 이것이 저의 슬픈 운명이랍니다. 저의 이야기를 모두 했으니, 이제는 당신에 대한 이야기를 해 주십시오. 당신이 말하고 싶지 않다고 했지만, 저는 당신이 도대체 누군지 알고 싶답니다."

오디세우스는 페넬로페의 요구를 자꾸 피할 수만은 없었다. 그래서 이야기를 꾸며서 말하기 시작했다.

"왕비님, 왕비님의 슬픈 처지를 들으니 제 마음이 너무나 아픕니다. 또 그렇게 저의 이야기를 듣고 싶으시다면 말씀해 드리지요. 저는 크레타 사람입니다. 크레타는 사방이 포도주 같은 검은 바다로 둘러싸여 있는 섬나라입니다. 그 곳에는 마을이 90개나 있으며, 아름다운 경치와 좋은 밭이 있답니다. 저는 그 곳의 왕자로서 이름은 아이톤이라고 합니다. 그런데 오래 전에 당신의 남편인 오디세우스님이 우리 섬으로 오셨습니다. 트로이로 가는 길에 폭풍을 만나 잠시 머무르게 되었지요. 저는 그 분과 다른 전사들을 친절하게 맞이했습니다. 향기로운 포도주와 쇠고기로 대접해 드렸습니다. 오디세우스님은 12일 동안 우리 섬에 머물렀습니다. 그리고 폭풍이 멎자마자 우리 섬을 떠나셨습니다."

오디세우스가 이야기를 하는 동안, 페넬로페는 그토록 그리워하는 남편을 앞에 두고서도, 그것을 모르는 채 내내 눈물을 흘렸다.

아내의 우는 모습을 보자, 오디세우스의 마음도 찢어질 듯 아팠다. 오디세우스의 이야기가 끝나고도 한참 동안 눈물을 흘리며 한숨만 내쉬던 페넬로페가 물었다.

"손님, 당신의 이야기를 잘 들었습니다. 그런데 당신께서 정말 내 남편을 만났는지 분명하게 알고 싶습니다. 그래서 한 가지 시험을 하고 싶습니다. 저의 남편은 어떤 옷을 입고 있었습니까? 그리고 남편은 어떤 사람이었는지 말씀해 주시겠어요?"

"왕비님, 아주 오래 전의 이야기를 말하기는 정말 어렵습니다. 벌써 20년 전의 일 아닙니까? 하지만 왕비님께서 원하시니, 기억을 되살려 보겠습니다. 오디세우스님은 자주색으로 된 털옷을 입고 계셨습니다. 그 옷은 두 겹으로 되어 있었고, 황금 브로치가 달려 있었습니다. 그 브로치에는, 개가 앞발로 사슴을 잡고 있는 그림이 새겨져 있었어요. 그것이 너무나 훌륭한 그림이어서, 지금까지도 생생하게 기억납니다. 그런데 아무래도 걱정이 됩니다. 제가 거짓말을 하고 있다고 생각하실까 봐 말입니다. 왜냐하면, 오디세우스님께서 집에서 떠나실 때부터 그 옷을 입고 계셨는지, 아니면 도중에 누군가로부터 선물로 받은 것인지는 모르는 일 아닙니까? 아무튼 제가 본 것은 그 옷이었습니다."

오디세우스의 말을 들은 페넬로페는 어깨를 들썩이며 흐느껴 울었다. 오디세우스의 말을 듣고 있자니 자꾸 남편 생각이 났던 것이다. 페넬로페는 겨우 눈물을 참으며 말하였다.

"손님, 당신의 말씀이 거짓이 아니라는 것을 이제야 알겠습니다. 손님이 보았다는 그 옷은 제가 직접 지어 드린 것입니다. 황금 브로치도 제가 달아 드린 것이지요. 손님은 정말로 제 남편을 보셨군요. 그런데 그 가엾은 분은 지금 어디에 계신 걸까요?"

페넬로페는 다시 흐느끼며 울었다. 오디세우스는 페넬로페를 진정시키기 위해 말하였다.

"고결하신 페넬로페님이시여! 더 이상 그 고운 얼굴을 망치게 하지 마십시오. 더 이상 남편 때문에 슬퍼하며 상심하지 마십시오. 그리고 지금부터 제가 드리는 말씀을 잘 들으세요. 이것은 아주 믿을 만한 이야기랍니다. 실은 오디세우스님께서 무사히 돌아오시는 중이랍니다. 많은 선물도 얻으셨다고 합니다. 불행히도 오디세우스님은 배와 부하들을 잃고 말았지만, 그 분 자신은 무사하다고 합니다. 그 분의 부하들이 태양신의 가축을 도살했기 때문에 제우스 신과 태양신이 분노하셔서, 부하들 모두는 화난 바다에 빠져 죽고 오디세우스님만 가까스로 살아남으셨답니다. 이것은 전혀 헛소문이 아닙니다. 왕비님께서는 얼마 지나지 않아 곧 남편을 만날 수 있을 것입니다. 제 말을 믿으세요. 그러니 희망을 버리지 말고 기다리시기만 하면 됩니다."

"아, 그렇게만 된다면 얼마나 좋을까요? 손님의 말씀대로만 된다면, 저는 손님께 훌륭한 선물을 얼마든지 드리겠습니다. 그러나 저는 그 말이 믿어지지를 않습니다. 솔직히 오디세우스님은 이미 돌아가셨다는 생각을 합니다. 손님의 말은 감사하지만, 저는 희망을 가질 수 없습니다."

페넬로페는 오디세우스의 말을 믿을 수가 없었다. 너무 오랜 세월을 기다려 왔기 때문에, 선뜻 기대를 가질 수 없었던 것이다.

"손님, 제가 희망을 갖기는 어렵지만, 당신에게는 감사를 드립니다. 오디세우스님을 그토록 친절히 맞이해 주셨다니, 저 또한 손님께 친절하게 대해 드리고 싶습니다."

페넬로페는, 오디세우스를 어릴 때부터 키운 늙은 유모 유리클레아를 불러서 오디세우스의 발을 씻어 드리라고 하였다.

"유리클레아, 이 분은 내 남편을 만나 친절히 대접하신 분이라네. 이제 우리 집의 손님이 되셨으니, 누구보다도 잘 대접해 드려야만 하네."

"알겠습니다. 오디세우스님을 대하는 마음으로 정성을 다하겠습니다."

유모 유리클레아는 곧 대야에 따뜻한 물을 준비해서, 오디세우스 앞에 앉았다. 그 때 오디세우스는 컴컴한 쪽으로 얼굴을 돌렸다. 그는 자기 발의 흉터를 생각했던 것이다. 그 흉터는 옛날부터 있었는데, 유리클레아가 늘 자신의 발을 씻어 주었으므로, 그 상처를 알아볼지도 모르기 때문에 염려가 되었던 것이다.

오디세우스의 생각대로 유리클레아는 발의 흉터를 알아보았다. 오디세우스가 어릴 때 멧돼지 사냥을 나갔다가 입은 그 상처를, 유리클레아는 수없이 보아온 것이었다. 유리클레아는 오디세우스의 발에서 흉터를 발견하자, 자신도 모르게 발을 놓고 말았다. 어찌나 놀랐던지 대야의 물도 모두 엎질러지고 말았다.

유리클레아는 눈물을 흘리면서, 오디세우스의 얼굴을 찬찬히 살펴보았다.

"아, 오디세우스님! 맞지요? 저는 발을 보기 전까지는 오디세우스님인 줄 몰랐습니다. 하지만 지금 바라보니, 분명 오디세우스님입니다. 맞지요? 오디세우스님이 이제야 돌아오셨군요."

유리클레아는 이렇게 말하고는, 페넬로페가 있는 쪽을 바라보았다. 어서 기쁜 소식을 페넬로페 왕비에게 알려주고 싶었던 것이었다. 그러나 페넬로페는 남편을 그리워하며 한없이 우느라고, 그들의 대화를 듣

지 못했다.

오디세우스는 얼른 유리클레아의 입을 막으며 속삭였다.

"유리클레아, 아무 말도 하지 말아요. 나는 분명 오디세우스랍니다. 나를 품에 안아서 키워 주신 분이 바로 당신이오. 그리고 나는 20년 동안 숱한 고난을 겪으며 고향 땅을 밟았어요. 하지만 아직 내 정체가 드러나서는 안 되오. 페넬로페에게도 아직 알려서는 안 되오. 은밀하게 진행해야 할 일이 있기 때문이오. 내가 구혼자들을 모두 처치하기 전까지는 아무도 내 정체를 알지 못하게 해야 하오."

눈치가 빠른 유리클레아는 고개를 끄덕였다.

"알겠습니다, 오디세우스님. 저는 입을 꼭 다물고 있겠습니다. 왕비님께도 말씀드리지 않겠습니다."

유모 유리클레아는 다시 대야에 물을 받아와서, 오디세우스의 발을 깨끗이 씻어 주었다. 그리고 나서 올리브 기름을 정성껏 발라 주었다.

유리클레아가 나가고 난 후, 오디세우스는 난롯가에 앉아서 발을 말렸다. 그리고 그는 헝겊으로 상처를 가렸다. 그 때 페넬로페가 다가와 말을 걸었다.

"손님, 잠자리에 들기 전에 한 가지만 더 물어보고 싶습니다. 다른 게 아니라 어젯밤 제 꿈 이야기입니다. 혹시 해몽을 할 줄 아시는지 궁금합니다. 하도 이상한 꿈이라 좀처럼 머리에서 떠나지를 않습니다. 꿈에 거위 20마리가 우리 집으로 들어왔어요. 거위들은 우리 집 마당에서 콩과 밀을 쪼아먹고 있었어요. 그런데 갑자기 거대한 독수리 한 마리가 나타났습니다. 그 독수리는 거위들을 죽이고는 날아올라갔습니다. 제가 슬픔에 잠겨 있는데, 잠시 후 그 독수리가 다시 내려왔답니다. 그리고는 독수리가 저에게 사람의 목소리를 흉내내어, 저를 달래면서 말했습니다. '용기를 내시오, 오디세우스님의 부인이시여! 이

것은 꿈이 아니라 진정으로 이루어질 현실입니다. 이 거위란 놈들은 모두 구혼자들이에요. 저는 당신의 남편이랍니다.' 하고요. 저는 그 말을 들으면서 꿈에서 깨어나, 우리 집 마당을 돌며 여물통 옆에서 콩을 쪼아먹고 있는 거위들을 보았습니다."

"왕비님, 그 꿈은 달리 해몽할 방법이 없군요. 다시 말해 곧 오디세우스님이 오실 거라는 뜻 같습니다. 그리고 꼭 구혼자들에게 복수를 해 주실 겁니다."

"그게 정말인가요? 그렇게만 된다면, 저와 저의 아들에게 얼마나 행복한 일이겠어요? 당신은 처음부터 저에게 기쁜 말씀만 해 주시는군요. 감사합니다. 하지만 오디세우스님이 당장 돌아오시지 않는다면, 모든 것이 허사가 되고 맙니다. 저는 내일 구혼자들 중 한 사람을 선택해야만 하니까요. 저는 이렇게 할 겁니다. 내일 구혼자들에게 시합을 시켜 그 우승자와 결혼할 거라고 말할 겁니다. 저는 활쏘기 시합을 시킬 것입니다. 그런데 과녁 앞에는 열두 개의 도끼를 서로 엇갈리게 마주 세워 늘어놓을 생각입니다. 예전에 오디세우스님은 그 도끼들 사이로 화살을 날려 과녁을 맞히고는 했지요. 저와 결혼하려면 오디세우스님만큼 활을 잘 쏘아야만 합니다. 자, 이제 그만 돌아가서 주무시지요. 너무 오랫동안 손님을 붙잡아 두었군요. 밤새도록 이야기를 나누고 싶지만, 저는 올라가서 슬픈 내일을 준비해야만 합니다."

페넬로페는 시녀를 시켜 오디세우스에게 잠자리를 마련해 주었다.

통쾌한 복수

오디세우스의 잠자리는 마룻바닥에 쇠가죽을 깔고, 그 위에는 양털을 깔아서 마련하였다. 그가 자리에 눕자 유리클레아가 이불을 덮어 주고 갔다. 오디세우스는 잠자리에 누워서도 구혼자들을 어떻게 처단할 것인가 하는 생각으로 잠을 이루지 못했다. 당장이라도 달려가서 구혼자들을 죽여 버리고 싶은 생각이 들었다.

'참자, 그 무지막지한 외눈박이 거인이 용감했던 내 부하들을 잡아먹던 그 날! 그보다 더 처참한 일도 참아 내고, 기발한 꾀를 내서 살아남았으니. 그래, 참자!'

이렇게 마음을 달래었다. 오디세우스는 이리저리 뒤척이다가 잠이 들었다.

날이 밝았다. 자리에서 일어난 오디세우스는, 창가에 서서 밖을 바라보았다. 여러 가지 생각들이 끊임없이 머릿속에 떠올랐다. 오늘이면 모든 것이 끝날 것이다. 생각대로 잘 될 것이라고는 장담할 수 없지만, 누군가는 피를 뿌리며 죽을 것이다. 그것이 누가 될지는 아직 아무도 모르는 일이었다.

오디세우스는 무릎을 꿇고 앉아 기도하였다.

"신이시여, 제발 이 오디세우스를 도와주십시오. 오랜 고생 끝에 이제야 고향으로 돌아왔습니다. 저를 도와주셔서 무례하고 흉악한 구혼자들에게 복수를 하게 해 주십시오."

오디세우스는 기도를 끝내고 자리에서 일어났다. 연회장으로 가 보니 시녀들이 난로에 불을 지피고 있었다. 오디세우스는 여기저기 기웃거려 보았다.

이미 집 안 여러 곳에서는 다른 어느 날보다 더 성대한 잔치를 준비하고 있었다. 이 날은 신에게 제사를 지내는 날이기도 했다. 오디세우스는 밖으로 나가 정원을 거닐고 있었다. 여러 명의 돼지치기들이 돼지를 몰고 왔다. 그 중에는 유메우스도 있었다.

"손님, 지난밤에는 잘 주무셨나요? 이 집에서 무례한 대접을 받지는 않았는지요?"

유메우스는 친절한 목소리로 물었다.

"물론 구혼자들은 무례했지요. 하지만 페넬로페 왕비님과 텔레마코스 왕자님은 저에게 아주 친절하게 대해 주셨습니다."

두 사람이 이야기를 나누고 있을 때, 염소치기인 멜란디오스가 들어왔다.

"이 늙은 떠돌이야. 아직도 이 곳에 있단 말이냐? 오늘도 사람들을 괴롭히며 구걸을 하겠단 말이지?"

오디세우스는 염소치기의 말에는 대꾸하지 않았다. 아침해가 떠오르면서 다시 구혼자들이 모여들었다. 그들은 염소와 돼지고기를 구워 포도주에 곁들여 먹었다. 오디세우스도 조금 떨어진 곳에 앉아서 고기를 먹었다. 텔레마코스가 시녀를 시켜 맛있게 구워진 고기만 오디세우스 앞에 가져다 놓게 하였다.

그런데 그 전날과 마찬가지로, 오디세우스에게 모욕을 주는 자가 있었다. 그는 멀리 쉬메 섬에서 온 크테시포스라는 자였다. 그는 자기 아버지의 재력을 믿고, 페넬로페에게 구혼을 하러 와 있었다. 크테시포스는 제법 위엄 있는 태도를 보이며 일어나 사람들에게 말하였다.

"여러분, 잠깐 내 말을 들으시오. 저기 저 늙은이는 우리와 똑같은 대접을 받고 있습니다. 뭐, 그거야 잘못된 것은 아니지요. 저 자도 마땅히 이 집의 손님이니, 집주인이 고기를 대접할 수 있겠지요. 그래서 나도 저 늙은이에게 선물을 하기로 했소."

크테시포스는 이렇게 말하고는, 바구니에 놓여 있던 소의 다리를 집더니 오디세우스에게 힘껏 던졌다. 오디세우스는 잽싸게 몸을 피했다. 그것을 본 텔레마코스가 벌떡 일어나 노한 목소리로 말하였다.

"크테시포스님, 참으로 무례하시군요. 하지만 다행입니다. 당신이 던진 것을 저 손님이 피했으니 말입니다. 그렇지 않았다면, 당신은 저 손님의 창에 찔렸을지도 모르는 일 아닙니까? 당신은 물론, 앞으로 그 누구도 내 집 안에서 그런 무모한 짓을 하지 않기를 바랍니다."

텔레마코스가 이렇게 대범하게 말하자 주위가 조용해졌다. 한참 후에 아겔라오스라는 구혼자가 일어나서 사람들에게 말하였다.

"좋습니다. 텔레마코스님의 말은 집주인으로서 당연한 말이니, 그 말을 지키도록 합시다. 하지만 우리는 우리대로 분명히 말해야 하지 않겠습니까? 우리는 오래도록 이 집을 드나들면서 구혼을 하였습니다. 그런데도 지금까지 아무 결과도 없습니다. 왕비님께서는 아마도 오디세우스를 기다리고 계시겠지요. 그거야 당연한 일입니다. 하지만 그는 죽은 것이 분명합니다. 이제는 우리로서도 더 이상 시간을 보내면서 기다릴 수가 없습니다. 그러니 텔레마코스, 당신의 어머니에게 가서 당장 결혼 상대자를 정하라고 말씀해 주시오."

"아겔라오스님, 신의 뜻으로 아버지는 이타카를 떠나신 후, 세상을 떠나셨거나 행방불명이 되셨음이 분명합니다. 그러니 어머니의 결혼을 더 이상 늦출 생각은 조금도 없습니다. 나는 여러 번이나 어서 좋은 분을 결정하시라고 말씀드리기도 했습니다. 어머니께서도 곧 결혼할 상대를 선택하실 겁니다."

텔레마코스가 이렇게 말하자, 구혼자들은 흐뭇하게 웃었다. 그들은 저마다 큰 목소리로 자기 자랑을 늘어놓기도 했다. 그러다가 서로 말다툼을 벌이기도 했다. 페넬로페는 2층에 앉아서 그 모든 이야기를 다 듣고 있었다. 그녀는 슬픔이 가슴에 차 올라 혼자 눈물을 흘렸다.

구혼자들이 마음껏 먹고 마시는 가운데, 해가 기울기 시작하였다. 그러나 구혼자들은 조금도 지친 기색 없이 잔치를 즐기고 있었다.

페넬로페는 시녀들을 데리고 무기 창고로 갔다. 거기에서 그녀는 오디세우스가 쓰던 활을 보고는 또다시 흐느껴 울었다. 잠시 후, 페넬로페는 직접 활과 화살을 들고 연회장으로 내려갔다. 그리고 계단 위에 서서 구혼자들을 향하여 말하였다.

"구혼자 여러분, 제 말씀을 잘 들으십시오. 여기에 오디세우스님이 쓰시던 활이 있습니다. 이 활을 사용하여 예전에 오디세우스님께서 하셨던 것처럼, 열두 개의 도끼를 서로 맞대어 놓은 사이를 통과시켜 과녁을 맞히시기 바랍니다. 그런 분이 계신다면 저는 그 분과 결혼할 것입니다."

페넬로페는 돼지치기 유메우스를 시켜서 열두 개의 도끼를 늘어놓게 하였다. 그리고 나서 활과 화살을 구혼자들 앞에 갖다 놓게 하였다.

이것을 본 안티노스가 말하였다.

"이 정도는 문제 없습니다. 사실 오디세우스보다 뛰어나지 못하다면, 어찌 감히 구혼을 할 수 있겠소?"

안티노스는 자신만만한 표정으로 주위 사람들을 둘러보았다. 그러자 텔레마코스가 일어나 활이 있는 곳으로 다가갔다.

"여러분, 제 어머니께서 이 방법을 제안하셨으니, 바로 실행합시다. 우선 나부터 한번 해 보겠습니다."

텔레마코스는 말을 마치자마자 활을 들었다. 그리고 있는 힘을 다하여 활시위를 당겼다. 그러나 활은 조금도 당겨지지 않았다. 텔레마코스가 네 번이나 시도를 해 보았지만, 여전히 활시위는 당겨지지 않았다.

드디어 구혼자들의 시합이 시작되었다. 오른쪽에 있는 사람부터 시작하기로 하였다. 맨 먼저 나온 사람은 레오데스였다. 레오데스는 힘껏 활시위를 당겼다. 그러나 이번에도 활시위가 당겨지지를 않았다. 레오데스는 다시 해 볼 생각도 하지 않고 활을 내려놓았다.

"나는 도저히 안 되겠군요. 다른 분들에게 양보하도록 하지요. 하지만 누구도 이 활을 당기지는 못할 겁니다."

그러자 안티노스가 벌떡 일어났다.

"닥치시오! 자기가 못했으면 그만이지, 왜 남까지 걸고 넘어가는 거요?"

순서대로 시합은 진행되었다. 그러나 그 누구도 활시위를 당기지 못하고 있었다. 마침내 안티노스의 차례가 되었다.

안티노스는 거만한 태도로 활을 집어들었다. 그러나 안티노스도 마찬가지였다. 땀을 뻘뻘 흘리며 여러 번 시도를 해 보았으나, 활은 조금도 당겨지지 않았다. 결국, 안티노스도 투덜거리며 물러날 수밖에 없었다.

그렇게 하여 모든 구혼자들이 활을 만져 보았지만, 아무도 활을 쏘지는 못하였다. 구혼자들은 잠시 휴식을 취한 다음에, 다시 해 보기로 하였다. 그러나 대부분의 사람들은 일찌감치 포기하였다. 안티노스와 그 밖의 몇 사람은 계속 돌아가면서 활을 당겨 보았다. 그 때, 오디세우스가 구혼자들 앞에 나섰다.

"여러분, 제가 이 활을 당겨 보아도 될까요? 저도 예전에는 힘깨나 쓰면서 살았지요. 어디 힘이 남아 있는지 한번 확인해 보고 싶군요."

오디세우스가 이렇게 말하자, 모두들 버럭 화를 냈다. 그가 혹시 번쩍이는 활을 쏘지나 않을까 걱정이 되었기 때문이었다.

"뭐라고? 이 건방진 놈! 음식이나 구걸해 먹었으면 되었지, 감히 우리와 겨루어 보려 하다니. 구석에 처박혀서 조용히 술이나 마시거라."

안티노스는 이렇게 윽박지르며 말하였다. 이 때, 텔레마코스가 말하였다.

"나는 이 집 주인의 권한으로 이 분에게도 권한을 주도록 하겠소. 본인이 스스로 원한다면, 누구라도 도전할 수 있다고 생각합니다. 어머니는 이제 올라가시지요. 아무래도 오늘은 활을 당길 만한 사람이 없을 것 같습니다.”

페넬로페는 이 말을 듣고 자기 방으로 돌아갔다.

그 뒤, 오디세우스는 활을 집어들었다. 모든 사람들이 가슴을 조이면서 지켜보고 있었다. 이 때, 텔레마코스는 은밀하게 유메우스를 불러 말하였다. 밖으로 나가는 모든 문을 잠그도록 하였고, 소란이 일더라도 누구도 안으로 들어오지 못하게 하라고 지시를 내렸다. 유메우스는 빠르게 움직이며 지시대로 하였다.

오디세우스는 드디어 활을 당겼다. 그러자 활은 타원형 모양으로 유연하게 휘어졌다. 그러더니 오디세우스가 쏜 화살은, 열두 개의 도끼 사이를 교묘하게 빠져 나가 과녁의 중앙에 꽂혔다. 구혼자들은 얼이 빠진 듯한 표정으로 그 장면을 지켜보았다. 오디세우스는 한쪽 눈을 찡긋하며 신호를 보내고, 아들에게 말하였다.

“텔레마코스님, 나는 그대의 기대를 저버리지 않았소!”

텔레마코스는 아버지 오디세우스의 신호를 알아챘다. 그래서 얼른 허리에는 검을 차고 손에는 창을 들었다. 그리고는 오디세우스의 곁으로 쏜살같이 달려갔다. 오디세우스는 화살통을 어깨에 둘러메고 잽싸게 계단을 뛰어 올라갔다.

“자, 이제부터 시작이다. 진짜 승리자가 누구인지는 오직 신만이 아실 것이다!”

오디세우스는 이렇게 소리치면서 활을 높이 들었다. 그리고 화살 하나를 끼우자마자, 빠른 동작으로 안티노스를 겨누었다. 화살은 순식간에 날아가 안티노스의 목을 꿰뚫었다. 이 장면을 본 구혼자들은 간담이 서늘해졌다.

“네 이놈, 미쳤느냐? 보잘것없는 거지 주제에, 감히 귀족을 죽이다

니?"

구혼자들은 놀라서 소리쳤다. 그러나 오디세우스는 들은 척도 하지 않고 다시 화살을 겨누면서 말하였다.

"이놈들, 내가 트로이에서 영영 돌아오지 못할 줄 알았느냐? 내 재산을 축내고 내 아내를 괴롭힌 놈들아! 이제 신의 벌을 받아라!"

이렇게 말을 마친 오디세우스는, 다시 예전의 그 건장하고 우람한 모습으로 돌아왔다. 아테나 여신이 오디세우스를 다시 본래의 모습으로 변신하게 한 것이었다.

구혼자들은 비로소 이 늙은 거지가 오디세우스라는 것을 깨달았다. 그들은 모두 얼굴이 새파랗게 질려, 갈팡질팡 도망가기에 바빴다. 그러나 문이 잠겨 있어서 어디로도 빠져 나갈 수 없었다.

그러자 구혼자들 중 한 사람인 유리마코스가 떨리는 목소리로 말하였

다.

"당신이 오디세우스가 분명하다면 우리는 뭐라고 할 말이 없소. 그러나 가장 악질이었던 안티노스는 이미 죽었소. 그러니 너그러운 마음으로 우리들을 살려 주시오. 그러면 우리는 당신의 재산을 모두 변상해 드리겠소."

하지만 오디세우스는 어림도 없다는 듯이 차갑게 말하였다.

"유리마코스, 너희들이 조상 대대로 물려받은 재산을 모두 내놓는다 할지라도, 나는 절대로 네놈들을 용서할 수 없다. 자, 나와 맞서 싸우든지 도망가든지 하나를 선택하여라. 아무튼 네놈들은 이 곳을 무사히 빠져 나가지는 못할 것이다."

오디세우스가 이렇게 무섭게 말하자, 구혼자들은 당황하여 어찌할 줄을 몰랐다. 그들 중 절반은 도망가기 위하여 우왕좌왕하였다.

그 때 유리마코스는 구혼자들을 향하여 소리 높여 말하였다.

"자, 여러분! 이 사람은 우리를 가만 놔두지 않을 겁니다. 저 반짝이는 활로 우리를 하나도 남김없이 쏘아 죽이고 말 겁니다. 그렇다면 우리도 맞서 싸웁시다. 칼을 빼어 들고 식탁을 방패 삼아 싸웁시다. 이대로 죽을 수는 없습니다."

그 말이 끝나자마자 많은 구혼자들이 고함을 지르면서, 허리에 차고 있던 작은 칼을 뽑아 오디세우스에게 달려들었다. 그러나 오디세우스와 텔레마코스는 닥치는 대로 그들을 쓰러뜨렸다. 순식간에 연회장은 아수라장이 되었다. 싸움은 늦은 밤까지 계속되었다. 연회장에는 날카로운 비명이 끊이지 않았고, 피비린내가 진동하였다.

마침내 싸움이 끝났다. 구혼자들은 한 사람도 남김없이 모두 죽음을 당하였다. 무기도 없고 술에 취한 구혼자들은 변변히 싸워 보지도 못하고, 오디세우스 부자에게 당하고 말았다.

이렇게 해서 오디세우스의 처절한 복수는 끝이 났다.

평 화

텔레마코스는 하인들에게 시체를 모두 밖으로 내보내게 하고, 연회장을 깨끗하게 청소하라고 하였다. 오디세우스는 손과 발을 깨끗이 씻고, 유모 유리클레아를 불러서 말하였다.

"유모, 이제 모든 악몽은 끝났어요. 온갖 치욕을 씻어 버리게, 불을 가져와서 홀 안을 환하게 밝혀 줘요. 그리고 왕비를 모시고 이곳으로 오세요."

유리클레아는 황급히 불을 가져다가, 홀 안과 건물 전체에 불을 밝혔다. 그리고는 단숨에 2층으로 올라갔다. 유모는 다리에 힘이 솟고, 발걸음은 가벼웠다.

"왕비님, 그토록 한숨과 눈물로 세월을 보내며 그리워하시던 오디세우스 전하가 이 곳에 와 계십니다. 드디어 돌아오시어, 건방지고 무례하던 구혼자들을 모두 물리치셨습니다."

"유모, 어찌 그런 말을 하세요. 우리가 너무 슬퍼했더니, 유모마저 이상해지셨나 봐요."

"왕비님, 신이 저희를 보살펴 주었습니다. 지금 아래층에서 오디세우스 전하께서 왕비님을 기다리고 계십니다. 어서 내려가십시오."

페넬로페는 유모의 말을 듣고 몹시 놀랐다. 기쁘기도 하고 무섭기도 하였다. 그러나 무엇보다도 아무것도 믿어지지가 않았다. 페넬로페는 천천히 아래층의 홀로 갔다. 그 곳에서는 정말로 오디세우스가 기다리고 있었다.

"정말, 오디세우스님이신가요? 믿을 수가 없군요. 어떻게 이런 일이……. 신들께서는 우리가 청춘의 기쁨을 함께 하지 못하게 하시더니, 늙어서야 재회의 기쁨을 맛보게 해 주시는군요. 저를 야속하게 생각하지 마세요. 제가 당신을 뵙고 이렇게 반갑게 맞이하지 못하는 것은, 어떤 사람이 와서 거짓말로 저를 속이지 않나 걱정이 되기 때문입니다. 그 동안 많은 사람들이 무엇인가를 바라고, 제게 거짓말을 했습니다."

페넬로페는 오디세우스를 물끄러미 바라보기만 하였다. 남편 같기도 하고 아닌 것도 같았다. 벌써 20년이 흘렀기 때문에 알아볼 수가 없었던 것이다.

"남편을 눈앞에 두고도 못 알아보겠소? 신이 우리를 갈라 놓으셨지만, 당신의 꿋꿋한 기다림이 우리를 다시 만나게 하였소. 자세한 이야기는 나중에 합시다. 나는 너무 피곤하여 잠을 자고 싶소."

그러나 페넬로페는 여전히 의심스러운 표정으로 말하였다.

"그래요, 일단 주무시도록 하세요. 유모, 어서 이 분께서 손수 만드신 침대를 이 홀로 옮기고, 푹신한 침구를 마련하세요. 그리고 그 위에 부드러운 실크를 깔아 드리도록 하세요."

이 말을 들은 오디세우스는 몹시 화가 났다. 그는 눈살을 찌푸리며 말하였다.

"아니, 부인. 그게 무슨 말이오? 누가 마음대로 내 침대를 옮겨 놓는단 말이오? 아무리 기술이 있고 힘이 좋더라도, 아니, 신이라 해도 다른 곳으로 쉽게 옮기기는 힘든 일일 텐데. 내가 몸소 앞뜰에 잎이 무성한 올리브 나무를 가져다가, 정성을 다하여 침대를 만들었소. 그런데 그 침대를 어떻게 다른 곳으로 옮긴다는 말이오?"

오디세우스가 이렇게 말하자, 페넬로페는 무릎에 힘이 빠지고 정신이 가물거렸다. 그녀는 그 자리에 털썩 주저앉아, 한참 동안 눈물을 흘렸다.

"아아, 오디세우스님이 맞군요. 내가 당신을 시험한 것을 용서해 주세요. 이제야 나는 당신이 내 남편이며, 이 나라의 왕이신 오디세우스님이라는 것을 알았습니다. 맞아요, 당신이 손수 만든 그 침대는 아무도 옮길 수 없답니다. 그 사실은 오직 당신만이 알고 있지요."

페넬로페는 흐느끼며 달려가서 오디세우스의 품에 안겼다. 오디세우스도 눈물을 흘리면서 아내를 꼭 끌어안았다.

오디세우스가 돌아와 구혼자들에게 복수를 했다는 소문은, 삽시간에 멀리까지 퍼졌다.

"오디세우스님이 돌아오셨다!"

"구혼자들이 모두 처단되었다!"

기뻐하는 사람도 많았지만, 한편으로는 두려워하는 사람도 많았다.

구혼자들의 가족들은 울며불며 오디세우스의 궁전으로 몰려와서, 시체를 운반하여 갔다. 그들은 함께 모여 오디세우스를 원망하며 복수를 의논하였다.

그들은 오디세우스를 찾아가 싸움을 벌였다. 그 때였다. 하늘에서 제우스 신이 하늘을 찢는 듯한 천둥을 보내고, 이어서 아테나 여신이 큰소리로 말하였다.

"싸움을 멈추어라! 모두들 무기를 버리고, 평화의 약속을 하도록 하거라!"

아테나 여신은 양쪽에 화해를 맺게 하였다. 이렇게 해서 오디세우스의 모험과 복수는 모두 끝이 났다.

오디세우스는 다시 이타카의 왕이 되어서, 백성을 인자한 덕으로 다스려 백성들의 존경을 한몸에 받았다.

제우스 신도 오디세우스를 축복해 주어, 그의 가족과 자손들은 평화롭고 행복한 일생을 보내었다.

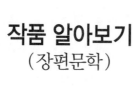

작품 알아보기
(장편문학)

〈일리아스〉와 함께 인류 역사상 가장 위대한 작품 중의 하나로 손꼽히는 호메로스의 **〈오디세이아〉**는 그리스의 영웅 오디세우스의 모험을 그린 대서사시이다. '오디세우스의 노래'라는 뜻을 가진 이 작품은 전체 1만 2,110행으로 이루어져 있으며, 작품 속에 묘사된 지리적인 정보나 등장 인물들의 생활 상태 등으로 미루어 보아, 〈일리아스〉보다는 약간 늦게 나온 것으로 추정된다.

트로이에서의 기나긴 전쟁이 끝나자, 그리스 연합군의 병사들은 뿔뿔이 흩어져 각자 자기 나라로 돌아간다.

사랑하는 아내 페넬로페와 아들 텔레마코스를 두고 전장으로 떠났던 오디세우스는, 목마 하나로 트로이 전쟁을 승리로 이끈 장본인이다.

바다의 신 포세이돈의 노여움을 산 오디세우스는 고국 이타케로 돌아가기까지 10여 년의 시간 동안 바다 위를 표류하며, 온갖 무시무시한 모험을 하게 된다.

우여곡절 끝에 이타케에 도착한 오디세우스의 앞에는 또다시 엄청난 모험이 가로놓여 있었다.

오디세우스의 아내 페넬로페를 탐내는 100여 명의 구혼자

작품 알아보기
(장편문학)

들이 궁전으로 몰려들어, 재산과 가축을 축내며 온갖 횡포를 부리고 있었던 것이다.

나이 어린 아들 텔레마코스는 그 많은 사람들을 막아 내기엔 역부족이었다. 거지로 변장하고 고향으로 돌아온 오디세우스는 아내에게 구혼하러 온 자들을 차례차례 응징하고, 아내와 재회한다.

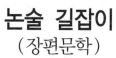

논술 길잡이
(장편문학)

❶ 트로이 병사들이 승리의 기쁨에 취해 있는 동안, 그리스 병
사들은 목마 안에서 기어 나와 트로이 성을 함락하고 만다.
이 이야기가 주는 교훈에 대해 논술하라.

> "이제 그리스 군은 모두 물러갔다! 자, 이제 우리는 트로이 전쟁에서
> 승리를 거두었다. 우리는 전쟁에서 이긴 기쁨을 축하하며, 이 목마를
> 신에게 제물로 바치자."
> 트로이 군사들은 커다란 목마를 둘러싸고, 밤을 새워 흥겨운 잔치를
> 벌였다. 군사들은 술을 마시고 춤을 추며 떠들썩하게 놀았다. 밤이 깊어
> 지자 트로이 군사들은 술에 취하여 모두 곯아떨어졌다.

....

....

....

....

....

논술 길잡이
(장편문학)

❷ 아래 그림은 오디세우스 일행이 모험 중에 만난 외눈박이
거인 폴리페모스를 그린 것이다. 오디세우스는 어떤 지혜
를 발휘하여 이 거인으로부터 벗어날 수 있었는지 논술하
라.

....

....

....

....

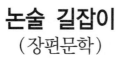

논술 길잡이
(장편문학)

❸ 오디세우스 일행은 마법사 키르케로부터 '트리나키아 섬의
가축은 절대 손대지 말라' 는 경고를 받는다. 이 경고를 어긴
오디세우스 일행은 어떤 어려움을 겪게 되는지 논술하라.

....

....

....

....

❹ 바다의 신 포세이돈은 엄청난 태풍을 일으켜 오디세우스의
귀향을 방해한다. 오디세우스가 포세이돈의 미움을 사게 된
이유는 무엇인지 논술하라.

....

....

....

....

논술 길잡이
(장편문학)

❺ 아래 지시문은 세일렌 요정들이 귀향하는 오디세우스 일행을 유혹하는 노래다. 일행이 어떻게 세일렌의 유혹을 뚫고 항해를 계속할 수 있었는지 써 보자.

이리로 오세요.

세상에서 가장 유명한 오디세우스님!

아카이아 기사들의 위대한 영광이여!

어서 가까이 다가와서 우리의 노래를 들어주세요.

우리의 노래를 듣지 않고는 배를 타고 이 곳을 지날 수 없답니다.

오디세우스님, 좀더 가까이 오세요!

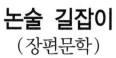

논술 길잡이
(장편문학)

❻ 오디세우스의 아내 페넬로페는 20년 동안 구혼자들의 유혹을 물리치면서 남편을 기다린다. 페넬로페는 어떤 꾀를 써서 남편을 기다렸는지 논술해 보자.

....

....

....

....

❼ 오디세우스가 고향 이타카로 돌아오기까지 겪은 모험 중 가장 인상에 남는 대목을 그림으로 그려 보자.

논·술·세·계·대·표·문·학 〈전60권〉

펴 낸 이   정재상
펴 낸 곳   훈민출판사
주   소   경기도 고양시 덕양구 원당동 416번지
대 표 전 화   (031)962-3888
팩   스   (031)962-9998
출 판 등 록   제395-2003-000042호